EL LIBRO QUE TU CEREBRO NO QUIERE LEER

DAVID DEL ROSARIO

EL LIBRO QUE TU CEREBRO NO QUIERE LEER

CÓMO REEDUCAR EL CEREBRO PARA SER MÁS FELIZ Y VIVIR CON PLENITUD

URANO

Argentina – Chile – Colombia – España
Estados Unidos – México – Perú – Uruguay

1.ª edición: marzo 2019
10.ª reimpresión: agosto 2023

ISBN: 978-84-16720-62-0
E-ISBN: 978-84-17545-45-1
Depósito legal: B-3.222-2019

Fotocomposición: Ediciones Urano, S.A.U.

Impreso por: Rotativas de Estella – Polígono Industrial San Miguel
Parcelas E7-E8 – 31132 Villatuerta (Navarra)

Impreso en España – *Printed in Spain*

Para Chicho, Pili y Luz.

ÍNDICE

1. CONSTELACIONES OSCURAS 11

2. EL LÍMITE ENTRE LA VIDA Y LA NO VIDA 17

3. HOMO HONESTUS 51

4. EL CEREBRO UNIVERSAL 73

5. EMANEMS RELLENOS DE SENSACIONES
   Y EMOCIONES 83

6. MI HIJO HA TENIDO UN ACCIDENTE
   CON LA MOTO (CREO) 103

7. LA MEMORIA NO ES UNA CAJA FUERTE 113

8. CONSTRUYENDO PENSAMIENTOS .143

9. PENSACIONES Y BOTÁNICA MENTAL 159

10. EL MIEDO NI SE CREA NI SE DESTRUYE,
    SE TRANSFORMA 177

11. REEDUCAR EL CEREBRO 183

12. EXPANDIENDO LA FELICIDAD 199

REFERENCIAS 209

1

CONSTELACIONES OSCURAS

La gallinita ciega

Dicen que vivimos encerrados dentro de un planeta más o menos esférico. Suena hasta raro escribirlo, porque lo cierto es que tenemos la sensación de vivir en una alfombra infinita que vemos a través de dos pequeñas escotillas desde algo llamado cuerpo humano. Y es que, dependiendo del día, no siempre vemos curvo el horizonte. Rebuscando dentro del organismo hemos encontrado hasta ahora unos doscientos cincuenta tipos de células diferentes, las cuales podemos ver a través de un microscopio y descubrir que cada una de ellas es única e irrepetible. Les encanta agruparse de maneras muy concretas y funcionar como un todo, aunque el porqué y el cómo sigue siendo un enigma. Todavía no entendemos su lenguaje tanto como para preguntarles a ellas indiscretamente (ya nos gustaría), así que nos conformamos con observarlas y hacerles jugarretas varias en el laboratorio para tratar de comprender el misterio de la vida y del ser humano. A día de hoy, todavía confundimos el conocimiento con hacer clasificaciones o con escribir más y más libros. ¿Pero alguien tiene, por favor, la más remota idea de lo que significa ser humano?

Abrimos un volumen de biología molecular y celular para leer que la historia comienza, érase una vez, hace dos mil millones de años con unos diminutos seres conocidos como cianobacterias, las cuales sumergieron la atmósfera en oxígeno. Tímidas e indecisas, las células tardaron doscientos millones de años en lanzarse a la aventura de cooperar y formar microorganismos. A continuación fue el turno de algas peludas, crustáceos gigantes, animales marinos bigotudos, reptiles con enormes cuerpos y diminutas aletas, y un sinfín de creaciones hasta que a un ciempiés con complejo de Indiana Jones no se le ocurrió otra cosa que pisar tierra firme. Las células aprendieron a ejecutar movimientos increíblemente precisos, a digerir, a respirar y a eliminar aquellas sustancias que no les gustan. De las algas asomaron las plantas; de los peces, los anfibios; luego se entrometieron los insectos, los reptiles; hace ciento cincuenta millones de años les salieron alas a los dinosaurios (sin necesidad de tomar Red Bull) y veinte millones de años más tarde germinaron flores en las plantas dando el toque de color a un paisaje principalmente azul. Supuso el escenario perfecto para las hormigas y las abejas. Hace sesenta millones de años los astutos mamíferos aprovecharon la extinción de los dinosaurios (dicen que a causa de un meteorito) para tomar el mando y llevarse todo el protagonismo. Los mamíferos se pusieron de moda. Mientras focas, nutrias, ballenas o delfines prefirieron vivir con vistas al mar, el resto prefirió la tierra firme. En este último grupo se encontraban los primates. Hace seis millones de años un primate se puso de pie, comenzó a fabricar herramientas, a encender fuego y a cocinar, mientras su cerebro se hacía más y más grande. Hasta que, unos doscientos mil años atrás, sus células, tan hiperactivas como de costumbre, aprendieron a comerciar, a odiar, a amar, hasta dar lugar a lo que hoy conocemos como *Homo sapiens sapiens*: el hombre que piensa y sabe que piensa. He aquí dos seres humanos: uno que escribe y otro que lee. Tal vez muy evolucionados pero seguramente con la sensación de haber jugado sin querer a la gallinita ciega. Nos han vendado los ojos, dado un par de vueltas y soltado aquí, al final de las frías historias de los libros de biología.

Vivimos en un mundo medio mareado, en un día a día en el que no hay ni rastro del verde de los bosques y donde una persona corriente apenas conoce cuatro especies de insectos. Lo único verde que vemos es el mar y huele raro. Aquí, en la ciudad, el gris está por todos lados y para ver algo que no sea un perro, un gato, una cobaya o un cerdo vietnamita tenemos que ir a un sitio especial llamado zoo y pagar una entrada. Mi planeta particular tiene treinta y siete metros cuadrados y no tiene vistas al mar ni un hermoso jardín porque para eso necesitas una cuenta bancaria con unos cuantos ceros más. No importa que nos hayamos portado bien, haber ido a la escuela, comido lentejas, terminado la universidad, encontrado pareja y que trabajemos diez horas al día. Entre relaciones, Facebook y jornadas de trabajo, la mayoría de las personas buscamos una felicidad que solo encontramos a ratos. Tal vez sea porque nos falta comprar una casa, tener hijos o jubilarnos, quién sabe, pero si nos preguntamos ahora mismo si somos felices nos daremos cuenta de algo muy extraño: no sabemos a quién se lo estamos preguntando.

Las constelaciones oscuras

Hace algunos años, tras aceptar una oferta disparatada de trabajo, me subí a un avión con destino a Perú para colaborar en un proyecto relacionado con una reserva de plantas medicinales en la Amazonia. En plena selva conocí a Justo. Encantador y respetuoso con la Pachamama, este profesor de biología de la Universidad Nacional de San Antonio Abad del Cusco no solo me enseñó mis primeras células vegetales a través del microscopio, sino que me introdujo en la cultura de sus ancestros. Un día, esperando que el alambique terminara de destilar aceites esenciales a pocos metros de una hermosa laguna en el departamento de San Martín, me explicó una historia que cambió por completo mi forma de ver el mundo. Desde entonces ha inspirado mi día a día e impregna cada una de las páginas de este libro.

En el valle sagrado de Cusco, durante miles de años, los campesinos se hicieron eco del cielo para saber cuál era el momento idóneo para la siembra y la cosecha. Los hombres sabios se reunían en Urubamba, una comunidad andina de notable altitud, para observar cómo el río Sagrado se unía entrada la noche con la Vía Láctea. Para el mundo andino el río terrestre tiene su continuación en un río celestial, por eso la Vía Láctea en quechua suena *Hatun-Mayu,* que significa río (*mayu*) celestial (*hatun*). Este es un principio que encontramos también en muchas otras culturas, el llamado principio de similitud o correspondencia: «lo que es arriba es abajo». Aquellos hombres sabios buscaban en los cielos las respuestas a sus preguntas, pero curiosamente no atendían a los puntos brillantes del firmamento, sino a los espacios entre las estrellas. En las sombras veían las siluetas perfectas de los animales que habitaban sus tierras: la llama con su cría, el *yutu*, la serpiente o el sapo. De todos y cada uno de los seres vistos en territorio andino se ha encontrado su similar en los cielos. Dos seres humanos mirando el mismo cielo desde diferentes perspectivas y culturas ven cosas completamente distintas. Unos unen los puntos brillantes, las estrellas, para formar dibujos y cartografiar los cielos, mientras que otros prestan atención al espacio entre las estrellas, obteniendo resultados radicalmente distintos pero al mismo tiempo complementarios. ¡Increíble! Cuántas veces hemos oído eso de «todo está inventado», nos lo hemos creído, y hemos pasado a otra cosa. Cada vez que estemos en el filo de la creencia, a punto de rendirnos, cada vez que tengamos la sensación de estar perdiendo el tiempo o nos digamos «todo está inventado», pensemos en la historia de Justo. Las constelaciones oscuras nos recuerdan que cuando miramos algo lo primero que veremos serán las estrellas, pero existe la posibilidad de presenciar un espectáculo completamente diferente. Esto es aplicable a cualquier aspecto de la vida: a una investigación, a un libro o a una relación. Allá donde creamos que no hay alternativa, no solo existen otras opciones, sino que están esperando a todo aquel dispuesto a ir más allá de sus creencias, a aquel que esté dispuesto a volver a mirar.

Este libro es una invitación a mirar juntos, de nuevo, el mundo. Sé que llevas muchos años observando, seguramente más que yo, pero si has llegado hasta aquí es porque necesitas mirar de nuevo. Esta es una invitación formal y por escrito a hacerlo. La letra pequeña solo dice que para volver a mirar debes dejar de lado todo aquello que crees saber. Hazlo con cariño. La «verdad» que hemos sostenido hasta ahora solo nos permite ver las estrellas, y volver a mirar es un viaje hacia horizontes desconocidos reservado a los ojos de quien no cree saber. Por ese motivo, todo cuanto encontrarás en este libro no es algo que yo haya vivido de antemano y te cuente desde el recuerdo, sino que está sucediendo ahora, lo estamos viviendo juntos mientras escribo. Tal y como descubriremos muy pronto, el conocimiento y la realidad no pueden alcanzarse desde la memoria, a lo sumo una huella confusa e imprecisa. Como en el bolsillo tengo un billete para dos, no voy a moverme si no vienes conmigo. Si ahora no es buen momento porque tienes mucho trabajo u obligaciones que atender, no te preocupes. Esperaré aquí, dentro de las páginas de este libro, a que llegue el momento oportuno. Los grandes viajes comienzan con un paso.

2
EL LÍMITE ENTRE LA VIDA Y LA NO VIDA

Estamos a punto de emprender un viaje hacia lo desconocido, de visitar las estrellas, de conversar con el amor y con el átomo, a punto de volver a mirar al organismo y al universo desde una nueva perspectiva. El único requisito es dejar de lado todo cuanto creemos saber y declararnos ignorantes, y no porque seamos mejores personas, sino porque solo el que no sabe mira. Con cada página, con cada paso, estas letras se volverán más transparentes hasta que, llegados a un punto, la voz del que escribe y la voz del que lee se fundirán en una sola.

Los ladrillos de la vida y el Euromillón

Vivimos en un organismo compuesto por cinco bombonas de oxígeno, diez sacos de nitrógeno para abonar plantas del jardín, hidrógeno para llenar cinco mil globos de helio y carbono equivalente a diez mil minas de un lapicero de grafito. Combinando estos cuatro elementos de diferentes formas (oxígeno, nitrógeno, hidrógeno y carbono) obtenemos veinte aminoácidos diferentes. Con estas moléculas, el organismo sintetiza las famosas proteínas, los ladrillos de la vida. Estos ladrillos serán quienes trabajen codo con codo para dar lugar a neuronas, hormonas, músculos, órganos, glándulas, uñas o pelo. Cada célula de nuestro cuerpo es una combinación de distintos aminoácidos y proteínas, pero… ¿de dónde surgen estos elementos esenciales para la vida? ¿Estaban en nuestro planeta y se encontraron por arte de magia para prender la chispa de la vida? El azar y la casualidad no son argumentos científicos, son solo palabras que solemos emplear cuando algo no encaja en nuestra forma de ver el mundo. Para poder entender cómo funciona la vida, sigamos la pista de estos ingredientes primordiales al más puro estilo Sherlock Holmes.

Este viaje nos llevará tremendamente lejos, hasta el mismísimo corazón de las estrellas. Los seres humanos hemos explorado el universo apagando y encendiendo una poderosa linterna que llamamos telescopio, capaz de enviar intensas ondas electromagnéticas (como puede ser luz) a través del espacio hasta alcanzar las mismísimas estrellas o planetas*. Sabemos que algunas de las características de una onda electromagnética varían al chocar con algo en base a la composición química de ese algo, lo que podemos aprovechar para descubrir la composición del universo. Una pera modifica la señal electromagnética con la que se encuentra de forma diferente a cómo lo hace el rey de España**. Dado que un astrónomo ha estudiado de antemano cómo afecta cada elemento químico a una onda concreta, y se ha hecho algo así como el muestrario de colores que nos enseñan en una tienda de pintura, podemos enviar la onda al espacio y esperar que choque con algo para deducir de qué elementos está compuesto ese algo comparándolo con nuestra carta de colores. De

---

* Ojo al dato. Hemos dicho luz y no sonido porque las ondas sonoras no pueden viajar por el espacio. Esto significa que en todas y cada una de las películas de Star Wars donde George Lucas ha puesto una impresionante nave con Dolby Surround, siendo tiquismiquis, no debería escucharse ni a una mosca. El sonido es una onda mecánica y necesita partículas como las que tenemos en la atmósfera para propagarse. La atmósfera es como una piscina repleta de bolas de plástico en un chiquipark. El sonido empuja las «bolas» que flotan en el aire ejerciendo una presión sobre ellas y va propagándose de una bola a otra como Tarzán en la selva. En cada choque se produce una pérdida de energía, algo muy práctico, porque si el sonido no se degradase con la distancia podríamos escuchar todas las conversaciones que están teniendo lugar en el planeta al mismo tiempo y nos volveríamos majaras. En el espacio, como no hay partículas de este tipo suspendidas, el sonido no tiene nada que empujar y no puede existir.

** Esta técnica se conoce como espectroscopia.

este modo hemos descubierto que el carbono y el oxígeno, tan imprescindibles para la vida, nacen en el corazón de las estrellas. Si los telescopios o las ondas nos resultan un lenguaje aburrido, podemos sustituir el telescopio por un cepillo para gatos. Estudiar el universo sería como pasarle a tu mascota el cepillo y luego tratar de imaginarlo a partir de los pelos que han quedado atrapados en sus púas. (Un pequeño inciso. Si alguna vez queremos enfadar a un astrónomo basta con llamarle por «error» astrólogo).

Tras estudiar más de ciento cincuenta mil estrellas hemos aprendido que el 97% de los compuestos del organismo nacen en ellas*. Esto significa que no descendemos de los primates o de L.U.C.A., un organismo unicelular que vivió hace tres mil ochocientos millones de años y al que recientemente se ha señalado como antepasado más lejano del hombre,[1] sino que nuestros verdaderos predecesores y los de todos los seres vivos conocidos son las estrellas. Si esto nos resulta sorprendente, abrochémonos el cinturón porque solo acabamos de empezar. Antes de entender cómo puede formarse carbono en el corazón de las estrellas echemos un vistazo al núcleo de un átomo. La vista es más bien austera puesto que solo encontraremos neutrones y protones, pero... ¿por qué estos neutrones siempre están ahí, en el mismo sitio? ¿Por qué no se van a dar un paseo a otros átomos o a coquetear con cargas opuestas? El motivo principal se llama energía nuclear fuerte. Esta fuerza obliga a los núcleos de los átomos a permanecer unidos y a los científicos nos encanta decir que se produce una reacción nuclear cuando dos átomos se encuentran.

Con estas nociones básicas de física estamos suficientemente capacitados para entender cómo puede nacer el carbono en el corazón de las estrellas. El carbono surge del encuentro en el mismo punto del espacio y en el mismo instante de tiempo de tres núcleos de helio. Un núcleo de helio tiene aproximadamente el tamaño de una célula y, por término medio, el núcleo de una estrella normalita mide unas 27.500 veces más que nuestro planeta.

---

* Un mapa interesante de este estudio se puede encontrar gratuitamente en www.sdss.org.

Así pues, para que el carbono pueda existir, deben coincidir en el mismo punto de ese vasto espacio y en el mismo instante de tiempo, no uno ni dos, sino tres núcleos de helio. Que esto ocurra resulta menos probable que ganar el Euromillón sin hacer una apuesta. A pesar de todo, ocurre constantemente. Nosotros, tú leyendo y yo escribiendo, somos pruebas vivas de ello. La vida no es fruto de la casualidad. Vivimos en un universo minuciosamente diseñado para la vida. Evidencia de ello son las constantes. En la física y la química decimos que el cosmos es como es gracias a treinta y cinco constantes. Estas constantes son números intocables, siempre tienen el mismo valor, y deambulan por las ecuaciones que nos permiten aproximar el comportamiento de fenómenos que observamos en el universo. Únicamente con variar un solo decimal de alguna de estas constantes, el equilibrio que rige el universo se rompería y, entre otras cosas, dejaría de gestarse carbono en el núcleo de las estrellas. Como consecuencia, la vida tal como la conocemos nunca habría existido.

La vida como organizadora del universo

Para nuestros abuelos, Dios hizo en una jornada la noche y el día. Luego el cielo y el mar, las plantas, el sol y la luna, los peces y las aves, los animales y, en último lugar, al ser humano. El séptimo día se tomó un KitKat y, probablemente, una cerveza. Para nuestra generación, el universo pasó a ser el resultado de una gran explosión donde la vida surgió por casualidad en un trozo de roca aún caliente después de millones y millones de años de cachondeo atómico. Este argumento, fundamentado en la suerte, puede que tuviera sentido mientras desconocíamos los entresijos de los átomos, las células o los telescopios, pero con el avance científico del siglo XXI ha quedado relegado al guion de una película de alienígenas. Nos podríamos haber pasado sentados esperando más años luz de los que puedo escribir en una línea a que tres átomos de helio se encontraran en el mismo punto del espacio y en el mismo instante de tiempo. Y no solo somos carbono. Una persona es una parte del universo capaz de sentir, de ir a trabajar, viajar, amar, de hablar o de querer cambiar. Vivimos en una época apasionante donde la ciencia dispone de nuevos argumentos, los cuales pueden ayudarnos a comprender el verdadero papel de la vida en la organización del universo.

Ajenos a Cobi y a las Olimpiadas de Barcelona de 1992, Peter Gariaev y Vladimir Poponin trabajaban en un experimento que cambió por completo la perspectiva del universo. En los laboratorios de la Academia de Ciencias de Rusia, un láser compuesto por partículas de luz o fotones pasaban por una cámara de dispersión como Pedro por su casa, mientras otros tres cacharros se encargaban de contar el número de fotones (igual que un maestro cuenta a sus alumnos en una fila antes de entrar a clase) y convertir la luz en una señal eléctrica que pudiera entender un ordenador. Dado que la ciencia necesita siempre algo con qué comparar, la primera medida debía hacerse en la soledad de una cámara de dispersión vacía, donde los fotones campaban a sus anchas aleatoriamente. Con esa referencia en el bolsillo, la siguiente prueba consistía en poner vida, en concreto ADN humano, en la cámara de dispersión para comprobar si dicho ADN ejercía algún efecto sobre las partículas de luz, las cuales son para nosotros materia pura y dura, sin un cerebro o células de ningún tipo.

La cámara de dispersión tiene la capacidad de generar un universo particular que aísla a los fotones del resto del mundo. Si la vida es fruto de la casualidad, los fotones no deberían verse influenciados en absoluto por la presencia de vida, y las partículas de luz deberían seguir a su bola danzando de un lado a otro mientras la célula pasaba más desapercibida que la g en la palabra gnomo. La idea de universo que tenemos está a puntito de caer, de modo que es un buen momento para abandonar. No hay marcha atrás. Los resultados son rotundos y escalofriantes: en presencia de ADN humano los fotones dejaron de comportarse aleatoriamente y se organizaron de una manera muy concreta, recordando a un ejército que recibe la orden de su superior a formar filas. Lo increíble del experimento fue que, a pesar de extraer el ADN de la cámara de dispersión, los fotones se mantuvieron organizados en sus posiciones hasta un mes después del experimento.[2]

Y así, sin mirar atrás, con la magia y la nostalgia de un experimento, la vida deja de ser una tómbola de luz y de color (lo sentimos, Marisol) y pasa a organizar el universo. El universo es como es y sus constantes tienen el valor que tienen gracias a la vida. El azar no posee, poseyó o poseerá la capacidad de dar vida. Es la vida, lo que algunos desde otras ramas de la física han llamado el «observador», la que organiza el universo. ¿Quiere decir esto que el planeta Tierra es suficiente para estructurar un universo infinito? Es poco probable. Entonces... ¿acaso estamos insinuando que ahí afuera existe vida extraterrestre? Pensemos como lo haría un científico en lugar de un escéptico. Los planetas forman sus clanes alrededor de las estrellas. Nuestra estrella madre, el Sol, es una de los cuatrocientos millones de estrellas que forman la Vía Láctea (nuestra querida galaxia), y el universo contiene más de dos billones de galaxias, una cifra que aumenta conforme se agudiza la precisión de los telescopios. Para hacernos una idea de la magnitud, los dos billones de galaxias conocidas a día de hoy en el cosmos superan con creces la cantidad de granos de arena que existen en todo el planeta Tierra*. De hecho, por cada grano de arena que existe en nuestro planeta hay más de cien planetas en el universo con las condiciones idóneas para la vida. Aunque probablemente no encontremos en ellos a Darth Vader o al guapo de Thor con su martillo y músculos de gimnasio, los científicos estamos convencidos de la existencia de microorganismos y otras formas de vida menos hollywoodienses potencialmente capaces de organizar la materia del cosmos.

El proceso de la vida y el aleteo de una mariposa

El universo es un compendio de elementos químicos organizados de una forma muy concreta por la vida. Ahora bien: ¿qué es la vida? Una peque-

---

* Estos datos y otras interesantes reflexiones pueden encontrarse en el trabajo de Simon Drive de la Universidad Nacional de Australia.

ña bola roja viaja por un riel y golpea el extremo de un brazo que gira sobre un eje, que termina empujando un trozo de madera que, al caer en un recipiente con agua, aumenta su volumen. El agua rebosa y empapa una tela que se encuentra atada a una cuerda. Esta cuerda se tensa y libera una canica y esta golpea una ficha de dominó. Una pieza empuja a la siguiente, la siguiente a su vecina, hasta impulsar a un pequeño vagón que comienza a moverse sobre sus vías hasta presionar un gatillo que dispara una flecha e impacta sobre una placa que, al mismo tiempo, mueve la pequeña bola roja, la cual aporta la energía suficiente para iniciar de nuevo todo el proceso. La vida es un proceso, un proceso que se dirige a sí mismo, una integración de eventos que se extienden desde nuestras células hasta las estrellas. Una mirada, un abrazo, un cometa, un beso, una despedida, el miedo, el mar, la risa o una bofetada son formas de energía capaces de impulsar el proceso de la vida del que todos formamos parte.

¿Qué es la vida? Un proceso inteligente. Existe inteligencia más allá del cerebro o de un ordenador. Estaremos de acuerdo en que un chip tiene una elevada capacidad de cálculo y puede resolver el teorema de Pitágoras en un abrir y cerrar de ojos, pero no puede comprenderlo o saber cuándo aplicarlo a una situación de vida por sí solo porque no es inteligente (tal vez algún día). Al mismo tiempo, tener cerebro no es sinónimo de inteligencia. Los microorganismos o las plantas, que no presumen de tener cerebro, se comportan de manera inteligente. Un moho del fango elige el camino más corto en un laberinto de veinte centímetros cuadrados para encontrar alimento a la primera.[3] La inteligencia es una acción creativa que nace en el momento presente y afecta a la estructura de todo el universo en su conjunto. La casualidad o lo aleatorio no existe, es un estado previo al conocimiento que desaparece al tomar conciencia del patrón que hay detrás.

Existe una teoría matemática que funciona sorprendentemente bien para describir el proceso inteligente de la vida: la teoría del caos. Hace casi medio siglo, Edward Lorenz trataba de resolver un sistema de ecuaciones para estudiar cómo afecta a un fluido la variación de temperatura. Hablando en plata, quería saber si mañana llovería o haría sol. En pleno boom de los ordenadores personales, el Instituto Tecnológico de Massachusetts, donde trabajaba como investigador y profesor, contaba con tecnología suficiente para calcular y representar gráficamente los resultados. Lorenz nunca llegaba a casa antes de la hora de cenar. Pasaba el día inmerso en jornadas laborales maratonianas y con frecuencia olvidaba citas y aniversarios. Los científicos vivimos en nuestro mundo pero tenemos las cosas claras: no hay nada que temer al vacío o a la energía atómica pero sí a una pareja enojada. Fuese por el motivo que fuese, un día Lorenz decidió dejar el trabajo a medias, imprimir los resultados provisionales de sus ecuaciones y llegar a buena hora a casa. Para retomarlo tan solo debía introducir de nuevo los datos registrados por la impresora y continuar el trabajo sin más por donde lo había dejado.

A la mañana siguiente, el científico entró por la puerta del laboratorio y siguió con lo planeado. Buscó los registros de la impresora, se sentó en la silla y comenzó a copiar uno a uno los datos. Cuando Lorenz lanzó de nuevo la simulación los resultados no tenían nada, pero nada que ver. Convencido de que el café de la mañana todavía no había hecho efecto, repitió el proceso varias veces, cada vez con más atención, repasando con cuidado de no errar un solo número. Nada. El resultado continuaba siendo un auténtico disparate. Tuvieron que pasar unos días hasta descubrir lo que estaba ocurriendo. En lugar de escribir el número al completo 1,63784173247, para ir más rápido, tecleaba una versión reducida (1,637842). Redondeó. Esas mínimas diferencias en las condiciones iniciales de la ecuación tenían una repercusión desorbitada en los resultados. De este modo, Lorenz formuló lo que hoy en día se conoce como «efecto mariposa» y dejó para la posteridad una elegante cita: «El aleteo de las alas de una mariposa puede provocar un huracán en otra parte del mundo». Detengámonos en este punto de la historia, enseguida volvemos.

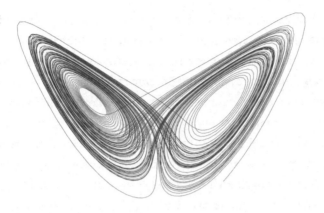

Os presento al atractor de Lorenz en tres dimensiones para que podamos hacernos
una idea de qué vieron los ojos del científico en la pantalla del ordenador.

Aquí está. En este mismo ordenador con el que escribo hemos resuelto
las ecuaciones de Lorenz con ayuda de un software matemático y las hemos
representado en tres dimensiones. Aunque seis de cada diez personas presen-
ten miedo a las matemáticas, las ecuaciones no muerden, tan solo describen
la relación entre diferentes cosas que pueden variar. Por ejemplo, imaginemos que llevamos a nuestro gato *Tofu* al veterinario y nos da religiosamente
tres muestras de comida para que podamos probarlas y determinar cuál le
gusta más (antes de sablearnos 50 € por el saco de alimento). El bol de comida
siempre es el mismo y la cantidad de alimento también, por lo que ambas
serían constantes en la ecuación, pero la comida es diferente. Por tanto, sería
una variable. La forma de la ecuación, sus variables y constantes, dependen de
cómo planteamos el asunto; de hecho, las variables pueden convertirse en
constantes y viceversa. Imagina que hemos determinado la comida que más
le gusta a *Tofu* y ahora nos interesa saber cuánta cantidad de comida necesita
al día. Entonces el plan es otro. Mantenemos el mismo bol y el mismo tipo de
comida e iremos variando la cantidad hasta que *Tofu* no pida más alimento, lo
que significa que hemos encontrado la cantidad adecuada. La variable ahora
es la cantidad de comida y las constantes, el tipo de comida y el bol.

En el caso de Lorenz, las variables y las constantes no hablan de comida
para gatos, sino de fluidos y temperatura, pero la idea es exactamente la

misma. Es jugando con todo aquello que puede variar como entendemos realmente el funcionamiento de las ecuaciones, y es realmente útil representarlas gráficamente porque, si tenemos un poco de práctica, solo con ver la representación gráfica podemos hacernos una idea del sistema. Los sistemas como el de Lorenz son no lineales porque dos más dos no tienen por qué ser cuatro, pueden ser seis o 3.247.923 dependiendo de las condiciones iniciales, es decir, del momento presente. Esto significa que podemos predecir el comportamiento de algo siempre que sepamos con exactitud los detalles del aquí y el ahora, pero si queremos saber cómo se comportará el mismo sistema en un futuro la cosa se complica porque debemos ir actualizando continuamente las condiciones de cada presente; de lo contrario, la predicción no servirá de nada. Las reglas de tres no funcionan en los sistemas caóticos debido a que se rigen por ideas lineales y nada en la naturaleza es lineal. Cuando estudiamos el latido de un corazón o un ataque epiléptico en biomedicina utilizamos sistemas no lineales, costumbre que se extiende a cualquier rincón de la ciencia como puede ser el comportamiento de una simple barra de metal al vibrar. Que el nombre no engañe, aunque les llamemos «caóticos» porque nos causaron confusión en un primer momento son sistemas organizados, coherentes, definidos por unas ecuaciones que dependen fuertemente del instante presente.

La teoría del caos, con sus no linealidades y sus dependencias del momento presente, se inspira en el flujo de la vida. Las mareas, una planta, el cerebro, las redes neuronales, los movimientos de una proteína y del ADN o los fotones de una cámara de dispersión se estudian con ecuaciones no lineales porque son capaces de predecir con éxito su comportamiento. Hemos dado con un modelo, una imitación matemática, que nos enseña dos cosas importantes para cualquier ser humano. La primera es que no estamos en manos del azar. Hemos educado al cerebro para trabajar linealmente y con él hemos construido una batería de imágenes felices a alcanzar sin tener en cuenta la naturaleza del cerebro o de la vida misma. El segundo aspecto importante para las personas de a pie es la estrecha relación del proceso de la vida con el instante presente. Los seres humanos nos relacionamos con el proceso de la vida a través del aquí y ahora, y la mayor parte del tiempo estamos mirando para otro lado, llámese pasado o futuro.

Los sistemas no lineales nos enseñan que el presente es la forma que tenemos de adaptarnos al mundo e influir en él. Escarbando en este segundo aspecto de la vida un poquito más, nos damos cuenta de que solo tiene sentido movernos en un presente cercano, tal y como descubriremos muy pronto. Haciendo simulaciones por ordenador podemos demostrar fácilmente cómo la probabilidad de obtener una predicción válida introduciendo a las ecuaciones momentos pasados o proyecciones futuras arrojan resultados desastrosos en un sistema caótico. En la sociedad occidental educamos al cerebro hasta convertirlo en un linealizador profesional, algo parecido a convertir a una estrella del béisbol en un friegaplatos. El cerebro es capaz de hacer esto y mucho más gracias a la plasticidad neuronal. De este modo, cualquier cerebro instruido en los caprichos de la linealidad puede simular un mundo lineal donde dos más dos parecen ser cuatro, pero nunca podrá llegar a serlo porque la vida no es lineal. Por este motivo el cerebro ofrece todo el tiempo sensaciones: la sensación de sentirse amado, de que todo va bien en el trabajo o la sensación efímera de felicidad.

Descenso al planeta Tierra

Volver a mirar nos ha permitido hacer una radiografía del universo totalmente distinta a la que nos enseñaron en el colegio o en la universidad, y ha sido suficiente con dejar de mirar un momento a las estrellas, nuestras queridas creencias, para descubrir el proceso inteligente de la vida dirigido por el instante presente con la capacidad de organizar la materia del universo. Hemos hecho el mismo gesto que los antepasados de Justo en el Cusco. Antes de preguntarnos qué impacto tiene esto para el peluquero o el autónomo, que es hacia donde nos dirigimos, introduzcamos las coordenadas exactas en la lanzadera espacial *El libro que tu cerebro no quiere leer* para abandonar el corazón de las estrellas y poner los pies en el planeta Tierra, un lugar tan increíble como misterioso, donde conviven más de treinta millones diferentes de seres vivos (cifra que debemos leer teniendo en cuenta que cada año se descubren dieciocho mil nuevas especies). Durante nuestro descenso por la atmósfera terrestre encontramos millones y millones de diminutas bacterias suspendidas en el aire entre las que se encuentran los osos de agua, unos fascinantes seres que han sido enviados al espacio en diversas misiones espaciales y han quedado expuestos al ambiente del cosmos sin ninguna protección. Estos ositos, quienes parecen salir de una bolsa de gominolas Haribo, son capaces de sobrevivir en el espacio sin traje espacial debido a su capacidad de regenerar el ADN, una prueba palpable de que la vida puede viajar de un planeta a otro sin necesidad de ponerse una escafandra o de tener un familiar trabajando en la NASA.

Basta con adentrarnos tímidamente en nuestro planeta para apreciar de primera mano los efectos del proceso de la vida. A lo largo y ancho de la atmósfera, las corrientes de aire sirven como autopistas a miles de millones de organismos, como en el caso de la *Pseudomona syringae,* que es transportada desde la superficie terrestre hacia las nubes y, una vez allí, activa una proteína especial capaz de congelar el agua por encima de 0 °C, para transformar la *Pseudomona* en copos de nieve*. Al congelarse, el peso de la bacteria aumenta y desciende de nuevo a la superficie llegando a la tierra en forma de gota de lluvia para regar las plantas que servirán de alimento a otros seres.

En la superficie terrestre existen parásitos capaces de hipnotizar a las hormigas mediante una infección que modifica su ADN, logrando convencer a los insectos para subir a lo alto de la hierba que una vez regó la *Pseudomona syringae,* y dejarse engullir por una vaca. Una vez dentro del organismo del herbívoro, el parásito llega hasta el hígado, un lugar perfecto para crecer y alimentarse, y posteriormente visita el intestino para poner infinidad de huevos y reproducirse. El último paso de este caprichoso ciclo de la vida consiste en esperar a que la vaca haga sus malolientes necesidades en el campo, esparciendo larvas por todos lados que a su vez tratarán de encontrar una nueva hormiga a la que infestar. La vida es un proceso

---

* La temperatura normal que alcanza un cubito de hielo para llegar a formar parte de nuestro gin-tonic.

inteligente y autodirigido, un ciclo que va haciéndose a sí mismo. Mientras tanto, lejos de los prados y estepas, un grupo de delfines consigue atrapar un banco de peces rodeándolo con una barrera de arena gracias al aleteo de sus colas contra el fondo marino. Suspendidos en medio del océano con nuestra lanzadera, vemos cómo los peces saltan por encima de la red de arena y caen en las fauces de unos delfines que calcularon con precisión su trayectoria.

Volviendo a tierra firme y ascendiendo a los árboles de América Central, donde estaremos a salvo de parásitos manipuladores de mentes o trampas de delfín, encontramos auténticos expertos en el procesado de la nuez de palma, los monos capuchinos. Tras la recolecta, los capuchinos dejan secar las nueces al sol durante el tiempo suficiente para que sus cáscaras se vuelvan frágiles y luego las golpean con una piedra redondeada escogida a conciencia. Los seres humanos vivimos entre este ir y venir de procesos inteligentes. Las personas somos un trocito de universo capaz de sentir, enamorarse o inventar los *reality shows*, y formamos parte involuntariamente de procesos que no somos capaces de imaginar. Una persona normal y corriente desprende alrededor de cuarenta mil células por minuto y es responsable del 80% del polvo que limpia. Estas células muertas de la piel vuelan por los aires y la gravedad las hace llegar al suelo donde los ácaros, unos poco agraciados parientes de las arañas para quienes una piel muerta es un auténtico festín, se alimentan de ella y la convierten en caca. Recientemente hemos averiguado que son sus excrementos, y no estos seres microscópicos, los que nos producen reacciones alérgicas (sí, lo más probable es que nuestra almohada esté minada de heces de ácaros). La vida es un proceso inteligente, a veces un poco asqueroso, no lineal, dependiente de las condiciones presentes y autodirigido... ¿Pero qué nos importa esto a las personas de a pie? ¿Va acaso a pagar nuestras facturas? ¿De qué le sirve a un camionero saber que la vida es un proceso no lineal dependiente de las condiciones presentes? Aterricemos en el planeta Tierra y abramos las compuertas de la lanzadera *El libro que tu cerebro no quiere leer*.

El presente cercano: la regla de las veinticuatro horas

Cualquier terrícola ha consultado el tiempo dos semanas antes de las esperadas vacaciones para ver si alquilamos una casa rural en la montaña, vamos a la playa o nos ponemos los esquíes. Esta consulta inicial nos sirve para hacernos una primera idea, pero sabemos que no hay que poner la mano en el fuego o crearnos demasiadas esperanzas, porque puede que unos días después consultemos el pronóstico y tengamos que guardar los esquíes y buscar la sombrilla. «¡A ver si se aclaran!», pensamos. Esto no ocurre porque los meteorólogos quieran divertirse con nosotros, sino porque para poder predecir con exactitud qué pasará en un sistema vivo en el futuro debemos conocer con pelos y señales el momento presente. Son inseparables. El futuro depende estrechamente del presente hasta tal punto que lo más justo sería dejar de llamar al futuro «futuro» y referirnos a él como «presente cercano». El futuro carece de sentido desde una perspectiva no lineal porque la precisión de una proyección cae en picado conforme nos alejamos del presente hasta resultar inservible. Este lugar donde una predicción se convierte en inútil es el futuro.

Una situación que nos puede ayudar a entender este embrollo tan importante para la cotidianidad humana es imaginarnos parados con el coche en un *stop*. En ese momento miramos si viene algún vehículo, estimamos su velocidad, su trayectoria, observamos si tiene algún intermitente activado y con ayuda de nuestro cerebro determinamos si nos da tiempo de salir o no. La probabilidad de tener éxito depende de la precisión con la que conozcamos las condiciones presentes. Si fallamos, el trompazo puede ser monumental. ¿Tiene sentido que tratemos de salir del cruce teniendo en cuenta la posición en la que se encontraban los coches en el mismo *stop* hace tres semanas? Obviamente no. Necesitamos conocer las condiciones presentes para evaluar la situación y poder realizar una buena predicción. Tampoco tiene sentido que utilicemos la información del ahora para determinar cuándo saldremos del *stop* la semana que viene. A pesar de que en este ejemplo lo veamos muy claro, solemos hacer lo opuesto en nuestro día a día.

El futuro empieza cuando una predicción deja de ser razonable. La información de la posición de los coches y su velocidad nos sirve para salir del cruce ahora mismo o en los próximos diez segundos como mucho. Este período es el presente cercano y es donde la predicción tiene sentido y validez. Antes del segundo cero, el pasado que existe en nuestra mente no contiene información útil para decidir si debemos salir del *stop* o esperar, a no ser que vivamos un presente duplicado donde coincidan exactamente las mismas condiciones ambientales, el mismo desgaste del asfaltado, el mismo coche y circulen por la carretera los mismos vehículos a la misma velocidad y con las mismas condiciones mecánicas. Esto es prácticamente imposible dado que nunca hemos registrado dos presentes idénticos. Cualquier información pasada acerca de la posición de los coches o su velocidad es inútil, lo mismo que ocurre transcurridos diez segundos de una predicción donde comenzamos a adentrarnos en lo desconocido y la predicción se vuelve inestable. A pesar de la lógica aplastante del ejemplo, las personas usamos todo el tiempo datos pasados o futuros para relacionarnos con los demás o tomar decisiones importantes y, cuando las cosas no salen como habíamos planeado, llegamos a la conclusión de que nadie nos comprende y echamos la culpa a la casualidad o la mala suerte.

La mayoría de las personas estamos acostumbradas a ver el tiempo en una línea recta donde el pasado queda a la izquierda y el futuro a la derecha, una representación heredada de la escritura. Desde esta perspectiva lineal, vemos el presente como un punto que divide el pasado y el futuro. Aplicando esta nueva forma de ver el tiempo y el universo a la representación clásica del tiempo, el presente no es un punto, sino un flujo que emerge del movimiento de la línea temporal. Si movemos de derecha a izquierda la línea del tiempo como si de una bandeja mecánica se tratara, el presente sería la energía que resulta de la fricción de la vida con el movimiento de la cinta mecánica, o dicho a bocajarro, el presente es el resultado del movimiento generado por el proceso de la vida. Dentro de poco, tal vez un par o tres de décadas, dejaremos de usar esta forma de representar el tiempo y comenzaremos a dibujar un volumen en lugar de un punto. Este volumen de tiempo es el presente cercano, el aquí y ahora donde las predicciones tienen sentido.

Conforme vamos descubriendo las manías y los entresijos de la vida podemos identificar herramientas que pueden servir de mucha ayuda al camionero o al ejecutivo de cuentas a la hora de mejorar tanto sus proyecciones como su toma de decisiones. Predecir un evento futuro no tiene sentido si nos alejamos del ahora, porque la probabilidad de un sistema no lineal y caótico como la vida de tener éxito en esas condiciones es prácticamente nula, y sabemos que la mayor probabilidad de éxito se acumula en el presente cercano. ¿Cuánto dura en términos prácticos el presente cercano? Como norma general, si tenemos en cuenta la naturaleza de los sistemas vivos, cuando hablamos de presente cercano nos referimos a un volumen de tiempo menor de veinticuatro horas. Esto quiere decir que las proyecciones que hagamos tienen una buena probabilidad de suceder de este modo siempre que tengamos en cuenta, únicamente, las condiciones presentes (no pasadas, no futuras) y tengamos en mente que esta predicción será válida siempre y cuando las condiciones de nuestra vida no cambien drásticamente de un momento a otro. A partir de las veinticuatro horas nos alejamos del presente cercano y entramos en el terreno del futuro donde la probabilidad de fallo se dispara.

En la práctica, se trata de actualizar las condiciones iniciales con la mayor frecuencia posible, es decir, refrescar la bandeja de entrada del correo de la realidad de tanto en tanto. Pero no sirve de nada refrescar la bandeja si no leemos los correos. Aunque nos haya costado mucho tomar una decisión, si algo cambia sustancialmente debemos volver a tomar una nueva decisión coherente con las condiciones presentes actuales. No basta con buenos deseos, con prometer ir el domingo a misa o con tratar mejor a la gente, no funcionará. Las condiciones presentes han cambiado y debemos adaptarnos. Puede que pocos estemos dispuestos a permitirnos esta manera de funcionar al más puro estilo «donde dije digo, digo Diego», pero si lo realmente importante es tomar buenas decisiones no hay elección: tenemos que dejar de querer tener razón y dejar de asumir las equivocaciones como algo personal. Las equivocaciones no existen.

Siempre que no confundamos el pasado o el futuro como condiciones presentes, las equivocaciones son variaciones bruscas de las condiciones iniciales, sin dueño y sin culpa. Reconocer la naturaleza de los sistemas vivos no es una deshonra y querer tener la razón es, desde un punto de vista matemático y científico, una auténtica idiotez. Siempre que lo más importante sea tomar buenas decisiones debemos estar dispuestos a adaptarnos y a cambiar de opinión con rapidez, asumiendo que no existe un beneficiado o un perjudicado. ¿Qué quiere decir un cambio drástico en las condiciones presentes? Puede tomar muchas formas, desde un esguince de rodilla a la simple entrada del miedo en escena. Lo importante es reconocer que el sufrimiento experimentado es proporcional a nuestra resistencia a la adaptación. Debemos estar abiertos a cualquier cambio inesperado.

Aunque estas ideas puedan parecer sota, caballo y rey, las personas no siempre estamos dispuestas a adaptarnos a las condiciones presentes. De hecho, esta falta de adaptación es la principal causa del sufrimiento moderno, como veremos a su debido tiempo. Por norma general, las personas somos reacias a adaptarnos cuando el presente trae consigo cambios inesperados, impredecibles, incontrolables o cuando suponen una amenaza para nuestra personalidad, poniendo de manifiesto que vivimos todo el tiempo comparando lo que nos ocurre con una idea de cómo debe ser la vida y el futuro, con una imagen feliz e ideal de las cosas*.[4] Consumimos la mayor parte de nuestra energía tratando de resistirnos al cambio en lugar de adaptarnos a él, y esto ocurre porque nadie antes nos había explicado cómo funciona el proceso inteligente de la vida, algo que la ciencia y otras disciplinas están empezando a hacer. La vida no está hecha para creerse cosas, sino para experimentarlas o, dicho de otro modo, creer no es un camino hacia la adaptación, experimentar sí.

Pongamos en marcha un experimento personal. Durante un día dejaremos de invertir energía en hacer predicciones más allá de veinticuatro horas y dedicaremos todo nuestro potencial a la adaptación. Viviremos en

---

* Al mismo tiempo, estas situaciones son las principales causantes del estrés, según la especialista Sonia Lupien de la Universidad de Montreal, y suelen derivar en una «lucha» psicológica encarnizada.

el presente cercano. Puede que en este período nos veamos obligados a hacer predicciones para dentro de semanas o meses, como puede ser una reunión de trabajo o un viaje por placer, no importa, para eso tenemos la corteza cerebral, pero debemos respetar la naturaleza flexible y cambiante del futuro. La mayor parte del tiempo pondremos la atención en el presente cercano, y cualquier cambio repentino de las condiciones presentes se encontrará con nuestra apertura al cambio, con una actitud consciente de la naturaleza de la vida. Para hacer esto no hace falta aprenderse ningún discurso, justificaciones o excusas. Se trata de un proceso individual, íntimo, carente de pretensiones, sin un objetivo concreto que nos lleve a ser mejores personas o al éxito. Vivir en el presente cercano sin pretensiones de ningún tipo tiene efectos beneficiosos sobre la respuesta al estrés, lo que se traduce en una disminución de la tensión arterial, mejores digestiones, un sistema de defensas más sano (sin necesidad de Actimel), reduce la probabilidad de padecer diabetes, mitiga la ansiedad, aumenta la autoestima,[5] previene las enfermedades respiratorias,[6] reduce la probabilidad de padecer una cardiopatía o un cáncer[7] y aumenta la empatía con el mundo.

Cuando nos lanzamos a vivir el presente cercano, aunque sea durante veinticuatro horas, experimentamos cambios sustanciales. Una persona anula una cita agendada con tres meses de antelación. Entonces nos damos cuenta no solo de todas y cada una de las esperanzas que habíamos depositado en la reunión, sino también de que esa reunión siempre estuvo en el futuro, un lugar donde la probabilidad de que las cosas ocurran como hemos planeado es mínima. Al ser conscientes de lo que está ocurriendo, podemos dejar de tomarnos la cancelación de la cita como algo personal y reconocer que responde a la naturaleza misma de la vida en lugar de lamentarnos, y buscar alternativas en el presente cercano. Este es el punto favorito de los pensamientos. «Sí, sí, es muy fácil decirlo» o «sin esa reunión mi empresa está destinada a la bancarrota» son pensamientos que el cerebro suele proponer en estos contextos. Cuando dentro de poco entremos en el cerebro y en el campo mental de los seres humanos para entender cómo y con qué finalidad genera el cerebro estos pensamientos, dejarán de controlar nuestras decisiones y no tendrán poder sobre nosotros.

Durante la aventura de vivir el presente cercano podemos encontrarnos, además de planificaciones futuras o pensamientos, con alguien que nos recuerde «dijiste A y ahora dices B». Aunque pueda parecerlo en un principio, en realidad no está echándonos nada en cara sino simplemente nos está diciendo que no es consciente de la naturaleza de la vida. ¿Y quién va a recriminarle o a llamarle ignorante cuando hasta hace media hora nosotros tampoco éramos conscientes de cómo funciona la vida? Debemos ser honestos, porque es esta honestidad lo que nos lleva a empatizar con el universo, a tomar decisiones más ecológicas y respetuosas con el proceso de la vida.

Internet de hongos y sopa de cangrejos

Además de la regla de las veinticuatro horas existen otros aspectos prácticos que podemos aplicar a la vida cotidiana de las personas, pero para poder hacerlo, debemos conocer más a fondo los entresijos del proceso de la vida. Para este viaje necesitaremos un billete de ida y vuelta al primer lugar que nos venga a la mente lleno de naturaleza y árboles. La imaginación aterriza en el valle de Nuria, en la provincia de Gerona, un ambiente paradisíaco para el pino negro y el abedul. Allí, gracias a una sierra imaginaria cortaremos la tierra y la seccionaremos para poder observar la vida vegetal desde dentro como si de un acuario se tratase (que nadie se preocupe porque luego con un pegamento imaginario volveremos a dejarlo tal cual lo encontramos). Ante nuestros ojos, cobra luz un universo subterráneo conectado por un internet de hongos mediante el cual plantas y otros organismos intercambian todo tipo de nutrientes y compuestos, incluido nuestro querido carbono procedente de las estrellas.[8] El subsuelo está en continua comunicación. Fascinante. Los seres vivos utilizan esta red, conocida por los geólogos como micorriza, para compartir alimento o avisarse de posibles peligros en un presente cercano. Estamos frente a una descomunal red social donde árboles, plantas, insectos y millones de formas de vida conversan y comparten información todo el tiempo. Las plantas, por ejemplo, puede que no se preocupen por el dinero o por tener un Ferrari, pero sí se «preocupan» por la familia o por temas del corazón. Al más puro estilo Corleone, el mundo vegetal es capaz de identificar a sus familiares por medio de sus raíces, de enviarse wasaps con mensajes de alerta cuando un herbívoro está cerca y de donar nutrientes únicamente a parientes y amigos; además, no se reproducen entre miembros de la misma familia.[9] Para un organismo sedentario, que no puede moverse en todo el día del mismo lugar —y no nos referimos a un informático—, la familia es un pilar importante para la supervivencia y la felicidad. Y lo más increíble es que son capaces de hacer todo esto sin un corazón ni un cerebro centralizado.

Existen infinidad de ejemplos de la constante comunicación de los seres vivos en el proceso de la vida. Nadie se explicaba por qué un año más tarde del desolador incendio ocurrido en Cataluña en 2004 se recolectó la mayor cosecha de hongos comestibles que se recuerda en la zona. María Rosas, bióloga especialista en micología, explicó cómo estos hongos del género *Morchella* velan por el bienestar de los árboles que crecen en las cercanías de los ríos y están estrechamente conectados a ellos. Cuando ocurrió un evento estresante en la vida del árbol como pudo ser el incendio, el hongo se independizó de su huésped, dejando de protegerle, y entonces llegaron las setas.[10]

Esta cooperación, como hemos visto, no se limita únicamente al mundo subterráneo, sino que tiene lugar también en la superficie, a lo largo y ancho de todo el planeta. La abeja *Maya* puede diferenciar un tipo de flor o saber si otro compañero insecto ha visitado recientemente ese mismo capullo gracias a la electricidad estática. ¿Cómo puede ser? Las alas de las abejas se cargan positivamente al friccionar con el aire y «casualmente» las plantas están cargadas negativamente. Al entrar en contacto con la flor ocurre algo similar a cuando acercábamos el antebrazo a las pantallas de televisión antiguas, donde el vello del brazo se ponía como escarpias debido a la transferencia de energía electrostática, haciendo que la carga de la flor sea más positiva. Este cambio permite saber a la abeja que viene detrás qué flores han sido visitadas recientemente y despojadas de su néctar*. Las abejas y las aves están también en constante comunicación con el sol, al que utilizan como brújula de navegación aprovechando que la polarización de la luz al atravesar la atmósfera es distinta en cada punto del planeta.

La vida es comunicación, una comunicación entre todos y cada uno de los seres vivos del planeta, la cual llega a extremos tan inverosímiles que a veces da un poco de yuyu. Cleve Backster, un agente americano especialista en la detección de mentiras, se hizo un corte superficial en un dedo mientras realizaba una de sus investigaciones con plantas. Backster acostumbraba a conectar las plantas a un polígrafo (algo así como un detector de mentiras), y esto le permitió comprobar cómo el vegetal conectado reaccionaba inmediatamente tras el corte, dibujando sobre el papel una respuesta de alerta idéntica a una persona que huele el peligro. En ese momento el investigador tuvo una idea descabellada: ¿Y si la reacción de la planta estuviera relacionada con el corte de su dedo? Lo que Backster estaba sugiriendo era que el vegetal era consciente de la muerte de las células de su dermis, ¡suficiente para entrar en un psiquiátrico! Con el único objetivo de eliminar de su cabeza tal insensata estupidez realizó varias pruebas rápidas e, inexplicablemente, los resultados dieron la razón a su intuición.

El siguiente paso fue reunir a un grupo de científicos especializados en el tema y ponerse manos a la obra para determinar si había sido un resultado aislado, e idearon un artilugio «davinchesco» que hacía caer a cangrejos dentro de una olla hirviendo en un momento aleatorio, mientras tres plantas permanecían conectadas a tres detectores de mentiras en tres habitaciones contiguas. A Backster le pareció mejor idea matar cangrejos que hacerse constantemente cortes en el dedo. El montaje impedía la conexión visual directa entre el pobre cangrejo que caía a la olla hirviendo y las plantas, de manera que nadie podía saber de antemano cuándo el cangrejo se iba a cocer, ni las plantas ni los propios investigadores, y así descartaban

---

* Poniendo un electrodo en el tallo de la planta, Clarke y su equipo de la Bristol University consiguieron registrar la variación eléctrica del vegetal una vez la abeja había aterrizado, cambio que perduró un tiempo después de que la abeja dejara la flor.[11]

cualquier hipótesis que señalara al investigador como medio de transmisión de información.

Tras meses de pruebas, los experimentos de Backster y su equipo llegaron a una conclusión: las plantas reaccionaban con exactitud milimétrica cada vez que un crustáceo se precipitaba sobre el agua hirviendo, como si el cangrejo emitiera un grito sordo o como si un hilo invisible capaz de atravesar las paredes conectase planta y animal. El polígrafo fue testigo de esta reacción, un comportamiento que dotaba a los vegetales de rayos X al más puro estilo *Supermán*. Los hogares se llenaron de *Dracaenas massangeana*, la planta empleada en el experimento, a finales de la década de los sesenta cuando los resultados de los experimentos de Backster llegaron a oídos del mundo, poniendo sobre la mesa que la capacidad de sentir no es exclusiva de los seres humanos, sino que alcanza el mundo animal, vegetal, celular e, incluso, el subatómico.[12] En los años siguientes estos estudios fueron respaldados por muchos otros que afianzaban la estrecha conexión existente entre todos los seres vivos del planeta. La vida es la mano que mece la cuna del universo, y el hilo invisible que une a los seres humanos con el universo se llama empatía.

La historia de Backster comenzó, en realidad, una fría noche de 1966 cuando se dirigía a su oficina después de haber pasado el día en la academia militar impartiendo un curso de poligrafía a policías y agentes de seguridad. Cerró la puerta del despacho decidido a acabar con el trabajo acumulado, cuando le sobrevino un enorme cansancio que le impedía concentrarse. Su mente divagaba con facilidad. En una de esas idas y venidas al país de Nunca Jamás, Backster miró desafiante a la dracaena, una planta con imponentes hojas que su secretaria había puesto en la oficina para darle algo de color, y pensó que podía conectar el polígrafo, regarla y calcular el tiempo que tardaba el agua en llegar hasta las hojas. Las plantas tienen un sistema hidráulico para mover el agua de una parte a otra del vegetal similar a las venas y arterias de los humanos, lo único es que circula mucho más lento al no disponer de una bomba como el corazón.

Para comprobar esta idea juvenil de explorador, manía que le había acompañado toda la vida, colocó los electrodos del detector de mentiras sobre las hojas. Un polígrafo se basa en un circuito electrónico conocido como galvanómetro que detecta cualquier cambio de conductividad eléctrica en el electrodo. Una persona que miente está nerviosa, suda, y ese sudor, al contener principalmente sales y agua, genera un cambio eléctrico en la piel que puede detectar este dispositivo. Si a este tinglado le añadimos una aguja que haga garabatos proporcionales a los cambios eléctricos sobre una hoja de papel, tendremos un detector de mentiras. Backster era un consagrado experto en reconocer patrones emocionales de personas entre los retorcidos trazos del polígrafo y lo que vio aquella noche lo dejó de piedra. La planta, al absorber el agua, dibujó en el polígrafo una línea descendente similar a la de una persona que siente felicidad. Perplejo, se planteó cuál sería la respuesta del polígrafo si quemara una hoja. En ningún momento Backster quemó la hoja ni acercó la llama de su encendedor al vegetal; solo fue necesario un pensamiento para que los electrodos, conectados todavía a la planta, dieran lugar a una línea ascendente propia de una persona que siente miedo.[12] Ahí, justo en ese instante, empezó todo.

El límite entre la vida y la no vida

Ya metidos en este berenjenal, rebobinemos un siglo en el tiempo y viajemos a la India británica (la actual Bangladesh) para conocer a Jagadish Chandra Bose, el genio que descubrió la radio, aunque ser hindú y nacer en 1858 no ayudaba demasiado a que la academia reconociera tus logros. Cotilleos al margen, durante sus fascinantes investigaciones el científico se preguntó por qué un sistema metálico diseñado para recibir ondas de radio perdía sensibilidad cuando funcionaba durante demasiado tiempo seguido y, si quería recuperar el funcionamiento habitual, debía apagarlo y dejarlo descansar. Este hecho, aunque puede parecernos igual de interesante que la última película de Chiquito de la Calzada, dio lugar a un profundo estudio que sirve de goma de borrar para hacer desaparecer la línea que separa la vida de la no vida.

Tras años de rigurosa investigación, el trabajo de Bose llegó a oídos de las altas esferas científicas. Su trabajo era tan brillante que terminó impo-

niéndose al racismo de la época cuando el médico y fisiólogo de la Royal
Society Michael Foster, todo un estudioso de la University College School,
visitó el laboratorio de Bose. Michael fue allí dispuesto a tirar por tierra el
trabajo del científico y salió del lugar perplejo y emocionado a partes iguales. Con la intriga típica de una escena de Hollywood, Bose mostró a su invitado una gráfica y le preguntó si sabía de qué se trataba. Foster, con cara
de «por quién me has tomado», respondió rápidamente que estaba frente a
la curva de respuesta típica de un músculo. Habría sido glorioso poder con-
templar en directo su rostro cuando Bose le comunicó que estaba frente a
la respuesta de una lata metálica.

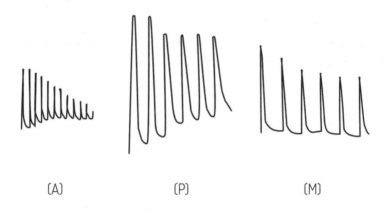

(A)   (P)   (M)

Aquí podemos ver las tres señales que registró Bose durante su experimento:
(A) corresponde a la respuesta de un músculo, (P) de una planta y (M) de un metal.
¿No os parecen primas hermanas?

La gráfica que le mostró Bose fue concretamente la señal «M» de la
imagen anterior. El científico inglés quedó tan fascinado con su trabajo que
le extendió una invitación y llevó a Bose a realizar públicamente una de-
mostración en la Royal Society el 10 de mayo de 1901. El científico hindú
terminó su exposición diciendo: «Con estas gráficas hemos puesto al descubierto los secretos de la vida y la no vida. Los resultados son tan similares
que nadie de ustedes puede decir con seguridad cuál es cuál. A la vista de los

resultados, ¿para qué seguir dibujando una línea entre la vida y la no vida cuando vemos que tales barreras absolutas no existen?» Amén. Bose puso de manifiesto en la Royal Society que nada de lo que vemos es ajeno al proceso de la vida, y nos invita a reflexionar acerca de los límites del cuerpo humano. Parece un tema muy obvio, pero si la línea entre la vida y la no vida se transparenta, ¿dónde terminamos nosotros y empieza el mundo?

Esta va a ser la primera incursión de muchas en el organismo humano. La hoja de ruta consiste en adentrarnos con permiso en un cerebro vivo gracias a un dispositivo de imagen médica y contrastar los resultados con los experimentos Bose, utilizando la tecnología disponible en el siglo XXI para descubrir cómo gestionamos las personas el límite entre la vida y la no vida. De este modo descubriremos cómo el cerebro humano gestiona el espacio de una forma bastante peculiar. Para empezar, existe un mundo exterior diferenciado: un mundo formado por las cosas que se encuentran cerca de nosotros y otro que contiene lo que está lejos. Es decir, en el procesamiento cerebral de la información de una persona que está a dos metros de nosotros intervienen zonas como la corteza premotora, las zonas parietales o el putamen (me abstengo de bromear con esta última área),[13] y si la misma persona se aleja hasta unos siete-diez metros entrarán en juego otras áreas del cerebro diferentes.

Todo lo que está cerca de nosotros es el campo cercano, una especie de aureola como la que rodea a Son Goku cuando se transforma en superguerrero, y lo que está lejos forma parte del campo lejano. ¿Para qué se complica la vida tanto el cerebro? Una de las principales obsesiones del organismo es la eficiencia energética. De esto no hay dudas. Dividiendo el mundo exterior en campo cercano y lejano, el organismo puede destinar más energía a todas las cosas que están cerca de nosotros y ahorrar recursos en todo aquello que esté lejos, siempre y cuando no estemos en una situación de peligro donde el funcionamiento de la biología y del organismo cambia por completo, activándose un estado de supervivencia. En realidad, estamos frente a una muestra más de la inteligencia que rige la vida.

El cerebro utiliza la información del campo cercano para decidir dónde termina el cuerpo humano y dónde comienza el mundo durante los primeros años de vida. Hasta los ocho meses de edad reconocemos a la madre o a la persona que nos cuida como parte de nosotros mismos, no hay diferencia, hijo y madre somos uno, y llevamos constantemente las manos y los pies a la boca para que, poco a poco, nuestro cerebro comience a generar los límites del cuerpo. Estamos empezando a reconocernos como individuos. Esto significa que los límites del cuerpo, la percepción de estar encerrados en un organismo y mirando a través de dos escotillas a la altura de los ojos, es una sensación *made in* cerebro. El avance científico nos enseña cómo, efectivamente, la ilusión es la tónica dominante en el organismo y no algo anecdótico. Una persona ciega que utiliza un bastón para interaccionar con el entorno está alterando su campo cercano y el cerebro interpreta al bastón como una extremidad más del sujeto. Esto podemos comprobarlo fácilmente utilizando un bastón durante unos diez minutos. Transcurrido el período de adaptación, nuestro sistema nervioso se comporta como si la punta del bastón formara parte de los dedos de la mano y, por lo tanto, el cerebro modifica las fronteras del organismo, los límites de la vida y la no vida. ¿Es un bastón algo vivo? Para el cerebro parece que sí. Una vez dejamos de utilizar el bastón, los límites del cuerpo vuelven a contraerse y el cerebro deja de interpretar al bastón como parte de nosotros.[14]

En resumidas cuentas, las personas tenemos la capacidad de modificar las fronteras del cuerpo, y el límite entre la vida y la no vida es una sensación generada por el cerebro humano. Con tan solo cuatro minutos, podemos engañar a nuestra mollera para que modifique los límites del organismo y nos haga creer que vivimos en el interior del cuerpo de una *Barbie*. La ilusión generada por el cerebro va más allá de ensanchar o hacer más estrechos los límites y permite la teletransportación. El procedimiento se basa en crear estímulos contradictorios en los sentidos de la vista y el tacto. Mediante unas gafas de realidad virtual conectadas a dos cámaras y situadas en los ojos de una *Barbie* nuestro cerebro recibe la información de lo que veía la muñeca de plástico, y acariciando con dos mazos de xilófono la pierna de la muñeca y la nuestra al mismo tiempo ya tenemos el lío montado. El cerebro piensa que somos la *Barbie* porque es lo que dicen los sentidos. Entonces, cuando alguien se mete con *Barbie*, o bien le da un martillazo como hicieron los investigadores del Instituto Karolinska de Estocolmo, el cerebro pide ayuda desesperadamente a *Ken* y reacciona como si el martillazo que recibe la muñeca lo estuviéramos recibiendo nosotros.[15] El cerebro genera la percepción de la realidad en base a la información de los sentidos, y si los sentidos dicen que vivimos en el cuerpo de Barbie, entonces vivimos en el cuerpo de una muñeca rubia. No hay recuerdo o dignidad que valga. Tal y como predijo Bose, la frontera que separa lo vivo de lo no vivo es algo relativo.

La jirafa, el árbol, el elefante, el colibrí y los seres humanos

Paremos a una persona que vaya andando tranquilamente por la calle y preguntémosle con educación: «Disculpe, ¿usted cree que un árbol y una jirafa son cosas diferentes?» Seguramente tratará de cambiarse de acera como si fuésemos un captador de socios de una ONG. Apelando al sentido común, una jirafa y un árbol son dos cosas completamente diferentes: uno pertenece al reino vegetal, otro al animal, y los distancian millones de años de evolución en direcciones opuestas. En la calle hablamos de evolución como si hubiera muchas evoluciones, una para cada ser vivo, cuando la evolución es una consecuencia del proceso de vivir igual que la caída de un objeto es consecuencia de la gravedad. La jirafa y el árbol guardan una relación mucho más estrecha de lo que podemos imaginar. El desarrollo de su cerebro y su organismo van de la mano desde la primera vez que se encontraron. A partir de su primera cita, tanto el árbol como el herbívoro han ido desarrollando métodos de adaptación basados el uno en el otro. Mientras el árbol genera ramas más altas o espinas más grandes, la jirafa alarga su cuello o adapta su boca y su lengua forrándolas de cuero natural para triturar las nuevas espinas. La jirafa y el árbol forman parte del mismo proceso.[16] La línea que separa un organismo de otro se asemeja a la percepción que tenemos cuando vemos una línea divisoria entre el mar y el cielo. En realidad no existe ninguna línea. Lo mismo ocurre con la jirafa y el árbol. Ambos cuerpos están conectados por unos hilos invisibles controlados por el proceso de la vida. Igual que para componer una imagen un monitor de ordenador o una impresora superpone luces o pigmentos de diferentes colores dando como resultado algo más que la suma de simples píxeles, el proceso de la vida propicia todo el tiempo nuevos sistemas emergentes.

Estos nuevos sistemas formados por varios individuos son capaces de desarrollar capacidades inconcebibles *a priori* para cada individuo por separado. En la ciencia e ingeniería decimos que el resultado es más que la suma de las partes, idea que hemos visto anteriormente en las ecuaciones de Lorenz, donde uno más uno no tienen por qué ser dos, sino que pueden tomar el valor 25.782 en función de las condiciones presentes. Volvemos al universo no lineal. En una imagen surgen nuevas propiedades tras sumar cada píxel por separado, como la profundidad de campo, el encuadre o la capacidad de transmitir una emoción, nuevas características que no habíamos podido imaginar antes de ponernos a juntar píxeles.

En términos de vida ocurre lo mismo. La jirafa se relaciona con el árbol. Luego la misma jirafa interacciona con un elefante, mientras sobre el árbol se posa un colibrí, de manera que el elefante afecta al desarrollo del árbol y el colibrí a la jirafa, al mismo tiempo que el elefante y el colibrí terminan conectándose también. Esta conexión permite a los organismos vincularse sin necesidad de encontrarse físicamente uno con otro. El resultado es un nuevo sistema dirigido por el presente, sin límites definidos, donde rigen leyes no lineales que llamamos vida. Somos lo que somos no por mérito propio o por casualidades de la vida, sino porque las jirafas son como son, los árboles son como son, los elefantes son como son y porque nuestro jefe es como es. Cada uno de ellos altera el proceso de la vida añadiendo nuevos tramos, dando lugar a una gran reacción en cadena de cambios que nos afectan a todos. Aquella bola roja que antes golpeaba el extremo de un brazo que giraba sobre un eje para empujar un trozo de madera, ahora baja por una nueva rampa fruto de una relación original con un nuevo ser vivo.

¿Somos capaces los seres humanos de introducir elementos en esta reacción en cadena que llamamos vida? Sí. En 2016 hemos sido padres primerizos de una bacteria formada por 473 genes sintéticos*. También hemos tratado de incluir elementos electrónicos o mecánicos en el proceso de la vida aunque no con tanto éxito. A pesar de todo, hemos recibido con cariño a *Adam* (un prototipo de robot científico capaz de investigar él solito las funciones de los genes de la levadura S), hemos tratado de reproducir el cerebro de un gato mediante veinticinco mil procesadores, e incluso hemos realizado un modelo simplificado del cerebro humano formado por unos dos millones y medio de neuronas**.

En nuestro corto camino como creadores de vida hemos aprendido algunas cosas útiles. Para hacer un potaje de garbanzos no es suficiente con poner todos los ingredientes en una olla a fuego medio; todo tiene sus tiempos y su contexto. La vida, al igual que la cocina, es un proceso. Hay que lavar las acelgas, quitar esos hilitos que solo saben dar tiricia, pelar las patatas con cariño y hervir de antemano los garbanzos (queda buenísimo con huevo duro rallado). La vida es una Thermomix que se programa a sí misma (de aquí lo de autodirigida) y el resultado es mucho más que la suma de sus partes. Un potaje, al igual que ocurre con una imagen o una jirafa, es más que la suma de sus ingredientes porque tienen lugar reacciones químicas que dan la bienvenida a nuevos olores, sabores y texturas. Extendiendo esta idea al cuerpo humano, un órgano es mucho más que un conjunto de células. Aunque a día de hoy no comprendemos del todo bien el proceso, existe un punto donde las células dejan de comportarse de manera individual para trabajar como un todo, formando tejidos, órganos, comportándose como un nuevo ser vivo, lo mismo que ocurre con el elefante, la jirafa, el árbol o el colibrí.

Es imposible que un ser humano se desconecte del proceso de la vida. Por lo tanto, siempre que creamos estar haciendo algo de manera indivi-

---

* Sería interesantísimo comprobar si esta bacteria sintética generada en el laboratorio es capaz de organizar partículas de luz en una cámara de dispersión. De este modo podríamos comprobar si hemos conseguido realmente que la bacteria forme parte del flujo de la vida.[17]

** A este modelo lo hemos llamado Spaun y ha sido creado por un grupo de investigadores del Centro de Neurociencia Teórica de la Universidad de Waterloo, Canadá, dirigido por Chris Eliasmith.

dual, en realidad, no es más que eso, una creencia. Este es uno de los principales motivos por el cual no entendemos nuestra vida, porque tratamos de comprenderla usando una forma de pensar lineal que busca constantemente causa y efecto, convirtiendo la vida en algo extraño y enigmático; pero la vida no tiene nada de extraño. Simplemente no es lineal. ¿Tendría acaso sentido que un hombre hable, vea la tele o haga la compra sin el 95% de su cerebro? ¡Obviamente no! De hecho, debería estar en el otro barrio. «¿Causa? Falta del 95% de masa cerebral. ¿Efecto? Saludar a san Pedro», pensaría un cerebro lineal. Hace unos años, una revista científica de referencia publicó en un artículo la historia de un funcionario francés, padre de familia (dos hijos), que presentaba una hidrocefalia que había reducido su masa cerebral a un 5%.[18]

Un cerebro lineal hablaría de milagro o de caso aislado, incluso podría llegar a pensar que es hijo de Chuck Norris, pero una persona consciente de la naturaleza no lineal del proceso de la vida sabe que la vida es una fuente constante de sucesos no lineales (milagros). Una agrupación de células da lugar a un hígado capaz de llevar a cabo quinientas funciones diferentes dentro del organismo (milagro) y participa al mismo tiempo en nuevos sistemas emergentes como puede ser una conciencia llamada David (milagro). Todo cuanto vemos y experimentamos en este mundo son pequeños tramos que forman parte de una gran reacción en cadena, desde los 835 militantes imputados del PP conocidos a día de hoy hasta María Teresa de Calcuta, pasando por un negocio, la fiesta del Orgullo o las armas de destrucción masiva. Sin excepción. Ahora bien, cuando un cerebro basado en pensamientos lineales mira a un universo no lineal puede tener la sensación de no entender ni papa, de ver un mundo completamente loco, pero cuando un cerebro utiliza una fuente de pensamiento no lineal y vuelve a mirar a los ojos de la vida encuentra el sentido. Cada tramo del proceso es un proyecto de vida y el límite entre la vida y la no vida desaparece. Entonces empiezas a tomar conciencia de que todo está vivo: las relaciones, los proyectos, los sueños, todo son sistemas emergentes que forman parte del mismo proceso. Darse cuenta de esto y experimentarlo nos llevará muy pronto a cambiar el vocabulario diario, a tratar las relaciones o los proyectos como seres vivos que toman sus propias decisiones y nos abriremos a respetarlas. En pocos años esto será tan habitual como el caramelo en un flan.

Muchas personas piensan que los seres humanos nos hemos desconectado de la vida y la naturaleza. Vemos al *Homo sapiens sapiens* como el culpable del cambio climático, de la deforestación de bosques, como el causante de las continuas borracheras que se pilla el planeta desde la Revolución Industrial, del hambre o las guerras. Incluso llegamos a vernos como extraños animales que pasan sus días delante de una pantalla bañados en luz artificial, ajenos a los bosques y a una naturaleza salvo para encender una barbacoa o clavar una sombrilla. Subidos a lomos de este libro sabemos que es imposible desconectarse de la reacción en cadena de la vida; de hecho, este mismo libro forma parte de ella también. Es cierto que muchas de nuestras acciones han perdido la empatía con la vida, pero la sensación de angustia que sentimos al mirar al mundo es fruto de una mirada lineal y no de estas acciones tal y como descubriremos a lo largo de nuestro viaje. Con cada decisión, con cada simple acto, aunque nadie nos vea, estamos alterando un tramo de la vida, estamos cambiando la dirección de una bolita roja o variando el ángulo de un brazo giratorio. Pero no importa, no hay nada que temer. Le corresponde a la vida dirigir el proceso y a los seres humanos nos toca vivirlo y sentirlo. ¿Quiénes somos? Somos parte de un proceso y, por lo tanto, somos el proceso, somos vida.

Votar al PP y a Podemos al mismo tiempo

Antes de abandonar el ámbito global de la vida para enfocarnos en una parte del proceso que conocemos como ser humano, hay un último aspecto a tratar. En ocasiones, las personas llamamos vida a aquello que nos rodea, a las historias y a las cosas que nos pasan. Unos llevan una vida de ricos, otros, de perros, y en lugar de poner punto y final decimos: «Así es la vida». Tenemos vida privada, profesional, familiar, una vida intelectual o material, tenemos tantas vidas que hasta los gatos están empezando a mirarnos con envidia.

Lo importante es que, en este caso, solemos hacer referencia a algo externo. Sin embargo, cuando una persona mata a otra le «quita la vida» y el cuerpo yace «sin vida», dando a entender que la chispa de la vida tiene lugar dentro del cuerpo y se ha apagado.

Hemos descubierto que la vida es un proceso, un juego de reacciones en cadena del que participa todo cuanto podamos conocer. ¿Entonces es la vida algo individual y existen tantas vidas como seres vivos, o por el contrario la vida es algo externo, por lo que solo hay una y la vivimos entre todos? Aquí es donde el sentido común y la personalidad de cada uno se apresura a responder. Si somos más de ciencias argumentaremos que una persona es un ser individual, una máquina muy compleja que interactúa con el entorno, de la cual estamos aprendiendo su funcionamiento. En cambio si somos de mixtas hablaremos de mecanismos sociales o incluso puede que, si somos de corte espiritual, aboguemos por un «todos somos uno». Sea cual sea la postura que más nos haga tilín, todas y cada una de ellas proceden de un pensamiento lineal.

¿Somos capaces de describir la gravedad? No. A lo sumo podremos describir sus efectos, sentirla. Soltar este libro supone sentenciarlo a caer al suelo, pero ver el libro caer es ver los efectos de la gravedad y no la gravedad en sí misma. La gravedad es una fuerza de alcance infinito (en el espacio hay gravedad) que podemos sentir mientras sostenemos un objeto, pero no podemos verla*. Todo cuanto presenciamos en nuestro día a día, incluida la gravedad, el espacio o el tiempo, todo cuanto existe en el cosmos, desde una sonrisa a la energía oscura, es el resultado del proceso inteligente de la vida, y estas fuerzas conforman el sustrato donde las personas imprimimos la realidad. Siempre que decidamos usar una postura lineal, en ese decidir, perdemos la visión de la vida. Solo desde una visión no lineal podemos abordar con sentido si hay una sola vida que vivimos entre todos o es algo individual de cada organismo, y nos daremos cuenta enseguida de que se trata de un planteamiento sin sentido. No hay cuestión.

---

* «La gravedad es una fuerza» conforma una verdad a medias. Según la relatividad de Einstein, la gravedad es el resultado de la interacción del espacio-tiempo y no una fuerza en sí misma.

En el mundo no lineal existe la superposición, donde una cuestión puede tener dos estados al mismo tiempo. Esto es lo que ocurre cuando nos preguntamos si la vida está dentro del organismo o fuera, si existe una sola vida que vivimos entre todos o es algo individual de cada organismo. Son las dos cosas al mismo tiempo, superpone lo individual y lo colectivo, lo interno y lo externo, el todo y la nada, es universo y átomo, egoísmo y solidaridad. La vida podría votar al PP y a Podemos al mismo tiempo, una idea que puede hacer echar humo a cualquier cerebro empeñado en usar el pensamiento lineal por inteligente que sea. Hemos construido el mundo en que vivimos a base de pensamientos lineales y, a su vez, esa misma mirada lineal es el motivo que nos impide entender y tomar conciencia. Paradójico y emocionante al mismo tiempo. Las personas somos un popurrí de pensamientos y emociones con patas capaces de sentir felicidad por irnos a vivir a otro país y al mismo tiempo sentirnos tristes por las personas que dejamos atrás. Este es solo un ejemplo cotidiano de la no linealidad, pero existen millones más. Puede que antes de empezar esta aventura de autodescubrimiento estas ideas fueran extrañas o difíciles de entender, pero este libro está escrito desde el mundo no lineal e irremediablemente vamos a comenzar a ver este fenómeno en todos y cada uno de los aspectos de la vida: en la política, en la física, en las relaciones de pareja, en la medicina o en las emociones humanas. ¿Comenzamos?

3

HOMO HONESTUS

El nacimiento del *Homo sapiens sapiens*

Hace doscientos mil años se produjo un hecho sin precedentes en la historia de la humanidad: los seres humanos evolucionamos de *Homo sapiens*, hombre que piensa, a *Homo sapiens sapiens*, hombre que piensa y sabe que piensa. Este cambio, como todos a nivel cerebral, se produjo de golpe y porrazo. Las personas no vamos siendo conscientes gradualmente de los cambios en el sistema nervioso sino que, de repente, *voilà!* Mientras tratábamos de empalar un salmón en la orilla del río fuimos conscientes del primer pensamiento, un sudor frío nos invadió el rostro, las manos nos temblaron como castañuelas dejando caer la lanza al suelo y el salmón continuó vivito y coleando río arriba. Nuestro antepasado salió por piernas a tal velocidad que habría pulverizado sin quererlo el récord mundial de Usain Bolt. ¿Te imaginas qué debió pensar un recién estrenado *Homo sapiens sapiens* justo en el instante en que fue consciente del primer pensamiento? «¡Hay una voz en mi cabeza!» Seguramente pasó a convertirse en el raro del grupo, el incomprendido, el loco del clan, y con el paso del tiempo algo que pareció una locura se convirtió en el estandarte que ha dado forma al mundo que vemos cuando nos asomamos por la ventana.

La huella anatómica de este salto quedó reflejada en un diminuto y fascinante rincón del cerebro conocido actualmente como ínsula. Reflexionemos un momento. No es lo mismo pensar que pensar y ser consciente de que estás pensando. No es lo mismo amar que amar y ser consciente de que estás amando. No es lo mismo vivir que vivir y ser consciente de que estás viviendo. La ínsula es la herramienta que nos permite tomar conciencia, un conjunto de células que nos permite «ver» aquello que pensamos o sentimos. Gracias a la ínsula los pensamientos dejaron de formar parte del inconsciente para dar el salto al consciente, volviéndose visibles en el campo mental.

Tratar de entender esto puede resultar más raro que una suegra generosa, porque estamos tan acostumbrados a ser conscientes de nuestros pensamientos que resulta muy complicado imaginar cómo sería la vida sin tener consciencia de las cosas que pensamos. Durante un experimento en la Universidad de Newcastle, Gabriele Jordan y su equipo descubrieron un hallazgo sin precedentes para la ciencia: la participante cDa29 presentó visión tetracromática. La retina de las personas cuenta con tres tipos de células encargadas de captar el color denominadas conos. Cada célula se encarga de traducir a un lenguaje que el cerebro pueda entender los cambios de rojo, verde y azul. El sujeto cDa29 tenía cuatro tipos de células para captar el color permitiéndole identificar noventa y nueve millones de tonalidades de color frente al millón habitual para las personas. Cuando Gabriele le preguntó cómo era el mundo visto con tanta variedad cromática la mujer era incapaz de comunicar su experiencia*.

Nos resulta muy complicado imaginar o explicar cómo sería el mundo con noventa y ocho millones de colores más o cómo sería la vida sin ínsula. Sin consciencia del mundo de los pensamientos seguiríamos pensando igual pero no seríamos conscientes de ello y el mundo hoy día sería completamente diferente. Para hacer la digestión no pensamos «voy a hacer la digestión». La hacemos y punto. Es algo inconsciente, como el 90-95% de los

---

* La mayoría de los mamíferos cuenta únicamente con dos conos y ven el mundo en una especie de grises y azules. Por ejemplo, los ratones pintan la realidad de amarillo, marrón, azul y negro; los niños ven en blanco y negro hasta los cuatro meses de edad. El neurocientífico John Mollon de la Universidad de Cambridge y los investigadores del Instituto Médico Howard Hughes y de la Universidad de California tienen los detalles.

procesos que tienen lugar en el organismo humano. Comenzar a tomar conciencia de las cosas que pensamos se convirtió en una revolución y propició sin duda alguna un salto evolutivo, pero al mismo tiempo ha terminado llevándonos a muchos por el camino de la amargura. El *Homo sapiens* sabía pensar pero no era consciente de aquello que pensaba. Las ideas deambulaban y se ejecutaban sin más, pasando totalmente desapercibidas al igual que el 90% de los procesos del organismo. El corazón bombeaba sangre, los pulmones, aire y el cerebro, pensamientos. Ahora bien, dar el salto a pensar y ser conscientes de ello puso sobre la mesa la posibilidad de identificarnos con los pensamientos.

Actualmente, la inmensa mayoría de las personas hacemos del pensamiento nuestro carné de identidad, una confusión que da lugar a lo que muchas personas llaman ego. Para ir directos al grano y no dejar dudas que puedan despistar a las mentes preguntonas: el ego no existe, es la confusión que nace de creer que somos nosotros los que pensamos cuando, en realidad, quien piensa es nuestro cerebro. El ego es una percepción que resulta de poner nuestra identidad en los pensamientos, algo que se consigue dirigiendo de forma compulsiva la atención a aquello que pensamos. Esta tendencia a identificarnos con el pensamiento, una forma de esclavitud para la atención, ha causado más furor en el ser humano occidental que un televisor en una residencia de ancianos. La única forma de revertir esta identificación o percepción es tomar conciencia de ello. Paradójicamente, es la ínsula la herramienta que nos permite tomar conciencia de las cosas, la misma estructura neuronal que propició hace miles de años esta falsa identificación, y al mismo tiempo nos ofrece la posibilidad de disolverla.

De la paciencia a la empatía

¿Cómo un mono torpe y lento oculto en las copas de los árboles, a años luz de ser el animal más ágil, inteligente o fuerte, se convirtió en la especie más dominante del planeta? Muchas personas señalan a la corteza cerebral, concretamente a la capacidad de generar predicciones o pensamientos abstractos, como principal motivo de la supremacía del *Homo sapiens sapiens* en el planeta azul, pero seguramente ser conscientes de nuestros pensamientos tuvo mucho que ver. El legado de nuestro querido Darwin se imprime a día de hoy en los libros de escuela en forma de «sobreviven los más aptos». ¿Cómo conseguimos los seres humanos llegar a ser «los más aptos» en algún momento de nuestra existencia? ¿Qué diantres significa exactamente ser «los más aptos»? En la sociedad occidental se ha grabado a fuego que los más aptos son los más fuertes, los más competitivos, los más «vivos» e, incluso, los más egoístas. Volver a mirar la naturaleza nos ofrece una perspectiva completamente distinta del más apto donde la competitividad o el egoísmo es una anécdota aislada. El mundo vive sumido en constante cooperación y comunicación.

En las últimas décadas, gran parte de los estudios científicos dan a entender que los más aptos no son los que se adaptan al entorno, sino aquellos seres que consiguen adaptarse con éxito al proceso de la vida, el cual va mucho más allá de la porción de tierra que pisamos en un momento concreto o de la época en que nos toca existir. Profundizando en este asunto desde nuestra nueva visión del universo, descubrimos que el ser humano consiguió adaptarse con éxito al proceso de la vida y convertirse en el más apto gracias a cinco herramientas básicas: la paciencia, la cooperación, la empatía, la confianza y la honestidad.

Los orígenes de la paciencia se remontan a millones de años atrás. Existen especies como pájaros, roedores y primates que, al escoger entre una pequeña cantidad de comida ahora o una mayor cantidad de alimento en un futuro cercano, se dejan llevar por la impulsividad y eligen la opción más inmediata. Los seres humanos, en cambio, somos capaces de esperar semanas o largos períodos de tiempo si la recompensa vale la pena (sobre todo si hablamos de dinero).[1] Ahora bien, la paciencia no es algo exclusivo de los seres humanos. Bonobos o chimpancés también son capaces de esperar para recibir más cantidad de alimento. En un experimento que comparaba el comportamiento de un chimpancé con estudiantes universitarios de Harvard (supuestamente la *crème de la crème*), los estudiantes mostraron menos paciencia que el primate y terminaron abalanzándose sobre la comida antes de tiempo, perdiendo la recompensa.

Donde nos llevamos la palma y superamos al resto de seres vivos de carrerilla es cuando el asunto va de dinero. Ahí no hay discusión. Un chimpancé, ante una recompensa de papel manoseado y maloliente o un suculento manjar, pasa olímpicamente del dinero y se decanta por la comida. Las personas elegimos el dinero porque hemos hecho de él una necesidad. Pero la cosa no queda aquí, aún somos más raros. Cuando nos dan a elegir entre recibir una recompensa de diez euros tras una espera de treinta días u once euros si esperamos treinta y uno, normalmente elegimos la segunda opción. Solemos pensar: «ya que espero treinta días... ¿qué más me da esperar uno más?» Por el contrario, cuando nos preguntan si queremos diez euros hoy u once mañana, las personas somos más impulsivas y preferimos la recompensa inmediata por si las moscas.[2] Incoherente, ¿no? Tal vez este comportamiento venga de pensar «más vale pájaro en mano que ciento volando». Dinero al margen, la paciencia es imprescindible tanto para un depredador en busca del momento preciso como para hacer fuego con yesca y pedernal. Con todo, esta capacidad se perfila como una de las estrategias de adaptación más aptas al proceso de la vida y, dada su importancia, profundizaremos a su debido tiempo en los entresijos neuronales para aprender cómo aplicar la paciencia a una cotidianidad repleta de fechas de entrega, obligaciones, dinero y estrés.

El siguiente aspecto a tratar es la cooperación. Para entender su papel en el proceso de la vida llevemos a cabo un experimento mental de los que tanto entusiasmaban a Einstein. La cosa tiene huevos (aviso). Imaginemos que ponemos el mismo número de gallinas en diferentes jaulas sin criterio alguno y, pasado un tiempo, contamos tanto el número de huevos que produce cada gallina de manera individual como el número de huevos de cada gallinero en su conjunto. Entonces seleccionamos las pitas más productivas y las juntamos a todas en la misma jaula. Por si no se ha intuido, estamos tratando de formar nuevos y mejores gallineros seleccionando a las aves más productivas, algo similar a lo que intentan hacer las empresas seleccionando a los candidatos con mejor currículum (que no los más aptos) o a las universidades para elegir a sus estudiantes. Supuestamente deberíamos obtener una superlínea de gallinas más eficientes que pongan un número más elevado de huevos y disparen la productividad, teniendo en cuenta que a mayor número de huevos la probabilidad de preservar la especie aumenta.

Estamos a punto de darnos contra un poste. Esta idea lineal y limitada tan lógica para las personas no encaja en el proceso de la vida, tal y como demostró William Muir de la Universidad de Purdue al llevar a cabo este mismo experimento en la vida real con la paciencia de un santo. En los resultados del estudio puede verse cómo las primeras generaciones de gallinas eran auténticas máquinas de poner huevos y parecía que el sentido común hacía diana, pero al cabo de seis generaciones todo dio un giro inesperado: las gallinas comenzaron a desplumarse unas a otras y, en esas trifulcas, muchas perdían la vida. Las gallinas más productivas eran también las más fuertes, competitivas y agresivas, algo que les permitía proteger mejor sus huevos pero al mismo tiempo aumentaba los niveles de agresividad, tensión y estrés de la comunidad. En pocas generaciones la producción de huevos cayó en picado.

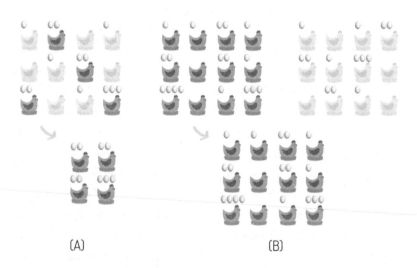

(A)   (B)

(A) En el primer estudio, Willy seleccionó las pitas más productivas de cada jaula y, en pocas generaciones, se hincharon a picotazos. (B) Luego se le ocurrió seleccionar las jaulas más productivas y... ¿quieres saber qué descubrió? Continúa leyendo.

Entonces William volvió a plantear el mismo experimento pero esta vez, en lugar de fijarse en las gallinas de forma individual, seleccionó las jaulas más productivas. En esas jaulas había de todo, desde gallinas más vagas que Papá Noel (trabaja un día al año y encima es mentira) hasta verdaderas máquinas de poner huevos. Con el paso de las generaciones, el científico pudo comprobar cómo la producción de huevos aumentó un 160%. La línea obtenida, lejos de la agresividad, era sosegada, colaborativa y empática.[3] La evolución no tiene nada que ver con la supervivencia o con los más fuertes, sino con aquellos más dispuestos a cooperar. Esta visión ofrece una nueva perspectiva en temas relacionados con la productividad o los procesos de selección de personal, la cual terminará imponiéndose sin remedio tarde o temprano. Un entrenador hará grande a un equipo siempre que trabaje por y para el grupo, algo aplicable tanto a una empresa como a cualquier otro ámbito porque procede de la observación directa de la vida y no de una lógica lineal humana. Existen levaduras que, a costa de entrar en el cielo de las levaduras, producen las enzimas necesarias para que un organismo pueda digerir azúcares, hormigas que transportan comida al hormiguero para toda la comunidad o macacos japoneses que se despiojan mutuamente para mejorar la higiene en el grupo reduciendo la probabilidad de enfermar.[4]

La reacción en cadena de la vida nos demuestra que sobrevivir no consiste en permanecer vivo el mayor tiempo posible, vivir con escasos medios o salvar el pellejo a toda costa. El prefijo *sobre* significa superposición y, literalmente, sobrevivir significa superposición a la vida. Sobrevivir significa integrarnos en el proceso, formar parte conscientemente de la reacción en cadena de la vida, y para integrarnos debemos tomar conciencia. Por eso es tan importante la ínsula en los tiempos que corren, porque es la herramienta que nos permite tomar conciencia de las cosas que pensamos y nos llevará, a su debido tiempo, a descubrir por qué y para qué pensamos. El ser humano más apto es aquel dispuesto a integrarse en el proceso inteligente de la vida de manera consciente y no por conveniencia o por justicia. Un mono lento que vivía en la copa de los árboles llegó a ser la especie dominante del planeta porque estaba dispuesto a hacerse uno con la vida, y la paciencia, la cooperación y la empatía fueron piezas claves.

De la mano de Frans de Waals, investigador especializado en psicología y primates, conoceremos el tercer motor de la evolución: la empatía. Esta capacidad surgió, según una curiosa hipótesis, como una fuerza que empuja a una madre a cuidar de sus hijos y terminó extendiéndose a cada uno de los seres vivos del planeta debido a su rotundo éxito en el proceso de la vida. La capacidad de ponerse en la piel del otro no es algo reservado a las familias o a las personas que nos caen bien, sino que es una herramienta empleada por millones de seres vivos, desde perros y roedores pasando por primates, aves, delfines o elefantes, así como organismos que no tienen cerebro como plantas o bacterias.

La empatía requiere no solo consciencia de los demás, sino también de uno mismo. Sabemos que en ciertos grupos de mamíferos, como los primates, la ínsula es el mecanismo elegido para tomar conciencia de uno mismo, pero desconocemos cómo han llegado al mismo punto seres que carecen de ínsula, e incluso de cerebro*. Que la ínsula permita al *Homo sapiens sapiens* tomar conciencia de sí mismo no significa que todos aquellos seres que carezcan de este puñado de células sean inconscientes. La nuestra es una de las infinitas formas posibles de dar solución a una cuestión y no es la única ni la mejor, algo que desde la ciencia estamos empezando a comprender. Es por eso que la empatía no conoce límites. Un ratón que ve a otro ratón padecer dolor se vuelve más sensible al dolor,[5] algo que se extiende entre especies hasta tal punto que, cuando un animal ve a otro sufrir, se vuelve también más sensible al sufrimiento.

Para estudiar la empatía entre especies usamos metodologías ingeniosas y divertidas. En primer lugar debemos buscar y encontrar algún factor común que relacione la empatía entre diferentes seres vivos, como puede

---

* Para saber si un animal es consciente de sí mismo tradicionalmente recurrimos a la prueba del espejo desarrollada por un tal Gordon Gallup, donde hacemos una marca inodora en el cuerpo y observamos su comportamiento al verse reflejado en el espejo para determinar si el animal reconoce la marca. Todavía no hemos inventado un método para estudiar la empatía con bacterias o vegetales, pero hemos observado en ellos signos de empatía.

ser el bostezo. Las personas bostezamos cuando vemos a otros bostezar gracias a los circuitos neuronales de la empatía. Aquellos que imitan el bostezo con más facilidad presentan altos niveles de empatía y la gente menos empática, como pueden ser personas autistas, ni pestañean cuando ven a otra persona bostezar. Una vez que hemos identificado a otras especies que recuerden el bostezo, muchos mamíferos lo hacen, tratamos de contagiarles el bostezo de todas las formas.[6] Así descubrimos que el ser humano es capaz de empatizar con desconocidos, con otras razas, con diferentes especies, y de aprovechar esta empatía para disparar la curva de aprendizaje gracias a un sistema de neuronas conocido en el argot científico como neuronas espejo.

Frans demuestra en sus investigaciones cómo los seres humanos no somos egoístas o individuales por naturaleza, sino todo lo contrario. Somos pacientes, cooperativos y empáticos igual que bacterias, ratones o aves. Lo que ocurre es que vivimos y nos educamos en una sociedad occidental basada en el individualismo y la competencia, algo que se opone a nuestra propia naturaleza. Cuando miramos a las estrellas, ¿qué vemos? Estrellas. No podemos ver otra cosa. Si nos creemos seres egoístas y supervivientes, cuando miramos a la naturaleza, ¿qué vemos? Seres egoístas y supervivientes. Por eso estamos volviendo a mirar al mundo asumiendo que no sabemos nada, porque solo observa con atención quien cree que no sabe, y solo el que observa ve.

Nos impregnamos de individualismo y competencia durante nuestros procesos de formación, en la escuela y en las familias, en nuestra sociedad occidental, pero eso no significa que la naturaleza de los seres vivos sea egoísta o competitiva. De hecho, la naturaleza es todo lo contrario, es colaborativa y empática. ¿Cómo no vamos a sentirnos perdidos e incomprendidos si hemos construido un mundo que se opone a la naturaleza humana y a la vida misma? Construir un mundo a base de ladrillos, de imágenes mentales que se oponen a la vida, es el origen del sufrimiento moderno, y la ciencia es uno de los medios disponibles para desenmascararlas y tomar conciencia. En nuestro viaje, acamparemos allí donde nacen las imágenes mentales y diseccionaremos la mente para entender su papel en la percepción de la realidad. En este ejercicio, nos daremos cuenta de que el mundo que vemos es solo una interpretación, y experimentaremos que tomar conciencia de cómo funciona la vida, la mente y el organismo transforma el mundo que vemos.

PIB, tetas y confianza en la vida

Vamos con las dos claves evolutivas que nos quedan para tomar perspectiva de qué nos llevó a ser los más aptos e integrarnos con éxito en el proceso de la vida: la confianza y la honestidad. Hablemos de economía para entender la primera de ellas. El Producto Interior Bruto o PIB hace referencia a la riqueza que produce un país en un período de tiempo y se utiliza como indicador para decir «España va bien». Hace poco hemos descubierto que la riqueza de un país está íntimamente relacionada con la confianza que sus habitantes tienen los unos en los otros. Extrapolando todo lo aprendido en la primera etapa de nuestro viaje, si una nube o una persona es un sistema emergente, un país o una empresa también es un sistema emergente, el cual cuenta con sus propias características emergentes y toma sus propias decisiones.

Del mismo modo que una persona emerge de una organización concreta de órganos y células, un país emerge de una organización concreta de personas y el resultado es más que la suma de cada habitante del país. Esto ocurre porque la vida no suma, integra. Si un sistema emergente fuera el resultado de la suma de sus partes no existirían características emergentes. En cambio, debido a la integración con el proceso de la vida, todos los sistemas que puedan existir cuentan con características extraordinarias coherentes con el proceso de la vida. Es así, atreviéndonos a estudiar un país como un ser vivo, como descubrimos el efecto de la confianza en los países. Un habitante que confía en sus conciudadanos, en la gente que se encuentra en el súper o en la mujer de la limpieza que viene a casa, vive en un país con un PIB mayor, lo que se traduce en mayor riqueza y «bienestar». A mayor confianza de los ciudadanos, mayor riqueza del país, tendencia que se repite a lo largo y ancho del planeta a través de diferentes culturas.

En lugares como Australia, Finlandia, Arabia Saudí o Suiza, donde la confianza de sus habitantes es del 50-65%, la renta per cápita ronda los cincuenta mil dólares al año. En España, la confianza de sus habitantes no alcanza el 20% y la renta per cápita disminuye a treinta y cinco mil dólares anuales. A los españoles nos tiemblan las piernas cuando llamamos al cerrajero y nos cuesta confiar en la buena fe del vendedor o el mecánico. En países como Filipinas o Colombia los datos son alarmantes. La renta per cápita supera a duras penas los diez mil dólares al año y la confianza en sus paisanos es menor del 5%.[7] En lugares donde existe un conflicto armado la confianza es prácticamente nula.

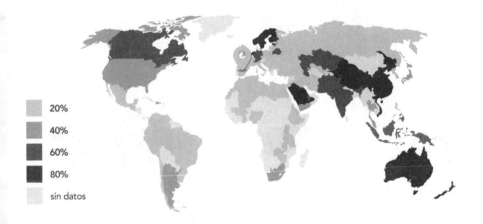

20%
40%
60%
80%
sin datos

Los países donde puedes llevar el coche al taller sin preocuparte de si el mecánico te ha puesto una pieza de recambio usada y te la está cobrando como nueva, son los países de color más oscuro. En ellos, la confianza de los habitantes los unos en los otros es elevada. Estos y otros datos interesantes en https://ourworldindata.org/trust

Entremos dentro del organismo para determinar si existe algún compuesto químico relacionado con la confianza. Con esta idea en mente participamos en un estudio mental junto a veinte desconocidos. Los voluntarios realizaremos el experimento en una estancia distinta sin contacto visual o verbal y recibiremos unas instrucciones. Las instrucciones son muy concretas. Cada participante recibe 10 euros y puede: a) quedarse el dinero e irse a tomar un café y un cruasán, o b) regalar el dinero a un desconocido, el cual recibirá el triple del importe donado (30 euros) acompañado de un mensaje privado del tipo «el participante número 4 te ha dado su dinero». Estas son las reglas del juego, ahora debemos decidir qué hacer. ¿Donamos el dinero y esperamos que los demás hagan lo mismo, o más vale pájaro en mano que ciento volando? Demos rienda suelta a la corteza cerebral para realizar cualquier tipo de predicción antes de ver cómo han reaccionado los demás participantes.

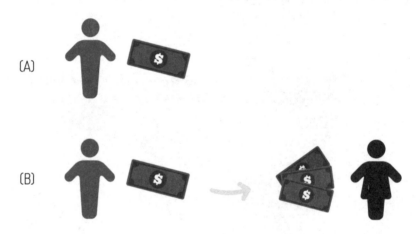

En el estudio, cada participante tiene dos opciones: (A) quedarse el dinero y adiós muy buenas o (B) donar el dinero a un participante desconocido el cual recibirá tres veces el importe donado. ¿Qué opción elegirías?

Este experimento fue planteado y llevado a cabo por el neuroeconomista Paul Zak para poner al descubierto el funcionamiento de la confianza. Los resultados eran contundentes: el 90% de las personas regaló sus 10 euros a un participante desconocido y el 95% de los que recibieron dinero de otros regaló también parte de su dinero.[8] El resultado fue un incuestionable *win-win* en el 95% de los casos. Este experimento sirvió a Paul para descubrir que existe una sustancia química que baila al son de la confianza: la oxitocina. La oxitocina es un neuropéptido (un compuesto químico emitido por una neurona) que podemos medir mediante un apresurado análisis de sangre, ya que el tiempo de vida de esta hormona es de menos de tres minutos.

De este modo, descubrimos que, a mayor confianza, el cerebro (o más concretamente la glándula pituitaria) genera mayor cantidad de oxitocina, algo que no ocurre exclusivamente en temas económicos, sino también en situaciones más cotidianas como cuando compartimos con un amigo información personal mientras tomamos café en una terraza.[9] Por otra parte, mirando con permiso el cerebro de una persona que experimenta confianza con la ayuda de un dispositivo de neuroimagen, vemos las tres zonas (el mesencéfalo, la amígdala y el cuerpo estriado dorsal) encenderse como un árbol de Navidad, señal de que aquí hay tomate. Aunque a simple vista no lo parezca, este descubrimiento de Baumgartner y su equipo es revolucionario: las redes neuronales que controlan la confianza son exactamente las mismas redes neuronales que controlan el miedo. ¿Y esto qué significa? Significa que el miedo y la confianza son la misma cosa, son dos caras de la misma moneda, significa que no podemos sentir miedo y confianza al mismo tiempo; o sentimos miedo o confiamos. A fin de cuentas, cada pensamiento que tenemos tiene asociado un nivel de confianza/miedo, algo que debemos tener muy presente cuando nos adentremos en el mundo del miedo más adelante.

¿Hasta qué punto tenemos las personas motivos para confiar en el proceso de la vida? Para contestar a esta pregunta primero debemos dejar a un lado la razón humana, algo que haremos de la mano de la doctora Davis. En sus experimentos contaba con unos participantes muy especiales: niños de entre seis y dieciocho meses de edad. La inquietud de Davis era averiguar si un bebé podría alimentarse equilibradamente sin la ayuda de un adulto. Según lo que sabemos de neuropsicología y pediatría hasta el momento, un ser humano tan prematuro no dispone de un sistema de decisión consolidado que le lleve a elegir conscientemente, sino que «algo» debía tomar la decisión por él. Ese «algo» es el proceso inteligente de la vida.

Volviendo a los detalles del experimento, el menú constaba de una lista de alimentos básicos sin mezclar entre los que podía leerse arroz, huevo duro, zanahoria o pollo. La idea era simple: se sirve un plato con un único alimento básico a cada niño, por ejemplo arroz, y se permite que coma a su antojo. Después, cuando el niño pierde el interés por el plato se pasa al siguiente y se repite el mismo procedimiento hasta acabar con la lista de alimentos básicos. Un adulto ayuda a los más pequeños sin interferir, rigiéndose en todo momento por las indicaciones del bebé. Si juega, cierra la boca o se distrae es señal de cambio y pasamos al siguiente plato. Haciendo un seguimiento de su alimentación vemos cómo los niños podían pasarse varios días comiendo únicamente zanahorias mientras otros picaban un poco de todo. Había días que decidían comer poca cantidad y otros que devoraban como si no hubiera un mañana. Los investigadores, tras estudiar con detalle cómo fue la dieta de los niños en cuanto a ingesta de nutrientes, calorías y llevando un control exhaustivo de su crecimiento, determinaron que todos los niños presentaron un desarrollo normal y que cada uno de ellos, siguiendo dietas con enormes variaciones, habían seguido una alimentación perfectamente equilibrada sin el control de un adulto.[10] Este estudio tuvo lugar en 1920 y, a día de hoy, gran cantidad de experimentos han corroborado los resultados de la doctora Davis y su equipo, poniendo de manifiesto que la vida es un proceso inteligente y autodirigido en el que tenemos motivos de sobra para confiar.[11]

Muchos padres y madres viven desesperados por la alimentación de sus hijos pero, según la ciencia, no tienen motivos reales para preocuparse. Todo apunta a que lo más sensato es basar la dieta en las propias sensaciones de cada persona, alimentándonos de aquello que nos pide el cuerpo, dejando de contar calorías, dejando ideologías, y prestando atención a las señales del organismo. Con un poco de práctica, las personas somos capaces de diferenciar cuándo comemos por gula, estrés o ansiedad, y cuándo el cuerpo necesita un alimento concreto. Obviamente, una persona enferma o con signos de ansiedad elevada debe acudir a un especialista que le acompañe a mirar y restaurar el equilibrio antes de confiar en sus sensaciones. La inteligencia de la vida hace acto de presencia constantemente, como demuestra otro estudio llevado a cabo por el Institute of Child Health de la Universidad de Bristol. Teóricamente, un bebé que se alimenta de leche materna ingiere más grasa si mama de un solo pecho que si lo hace de dos. Con esta hipótesis se diseñó un experimento en el que la madre amamantaba a los bebés una semana con un único pecho y otra con los dos, y se centraron en medir la cantidad de grasa ingerida en cada período.

Los resultados no fueron los esperados. El bebé no ingirió más cantidad de grasa las semanas que se alimentaba de un solo seno en comparación con las semanas que lo hacía de dos porque, de algún modo que nadie ha conseguido todavía explicar, los bebés modificaron la frecuencia y la duración de las tomas para equilibrar el consumo de grasa.[12] ¿Cómo sabían los bebés que debían reducir la frecuencia y la duración de la lactancia para compensar el consumo de grasa? Bajo nuestra forma lineal de ver el mundo, un bebé no tiene conocimiento, no puede ser consciente o decidir el tiempo de ingesta o qué alimentos consumir para llevar una dieta equilibrada. Sin embargo, lo hace porque forma parte de un proceso inteligente y autodirigido.

Basándome en estos estudios, durante una conferencia pregunté a los asistentes cuántos pensaban que un niño de seis meses de edad era capaz de alimentarse equilibradamente decidiendo por él mismo lo que quería comer. El 80% de las personas levantó la mano. A continuación les pregunté cuántos eran padres o madres (la mayoría) y cuántos habían permitido que sus hijos se alimentaran por sí solos, dejándose llevar por el proceso inteligente de la vida. Solo dos personas levantaron la mano. Esto demuestra una cosa: no confiamos en la vida.

Con la misma naturalidad que respiramos tomamos decisiones basadas en el miedo, miedo a que algo malo ocurra, miedo a no estar haciéndolo bien, tratando de huir constantemente de la culpa. Pero la ciencia nos demuestra que el proceso de la vida está ahí siempre, con nosotros, y no tenemos nada que temer. Nuestras imágenes mentales están tan arraigadas que, aun cuando estamos empezando a tomar conciencia del funcionamiento de la vida, si nuestro hijo no come en todo el día le metemos la papilla por las orejas. ¿Y eso por qué? Porque no confiamos en la vida.

La desconfianza lleva a la inconsciencia, y no ser conscientes nos lleva a olvidar que formamos parte del proceso inteligente y autodirigido de la vida. Esto ocurre porque en algún nivel estamos pidiéndole a la vida que cumpla nuestros deseos, que esto no sea como es o que lo otro nunca ocurra. Un bebé, un organismo, sabe lo que tiene que hacer, cómo crecer, cómo alimentarse, cómo reproducirse, sin nuestra supervisión. Solo se trata de estar ahí y confiar. Ese es nuestro papel. A día de hoy no hemos encontrado ningún experimento científico que evidencie que la preocupación, el sufrimiento o el esfuerzo sea la base del éxito. Más bien se han encontrado indicios de todo lo contrario. De algún modo, la vida nos proporciona todo aquello que necesitamos para ser felices, solo tenemos que confiar en ella.

El pastorcillo y el lobo

Antes de adentrarnos en las aguas de la honestidad, vamos a recordar un cuento infantil que ilustra una de las principales características del cerebro. Érase una vez un pequeño pueblo de montaña con almendros, viñedos y calles de piedra, donde las casas se adaptaban a los frecuentes desniveles y daban forma a uno de esos lugares donde el tiempo se detuvo hace años. En aquel recóndito lugar vivía un pastorcillo.

A primera hora de la mañana, día tras día, el pastorcillo llevaba a sus ovejas a pastar. Al principio su trabajo le hacía sentir importante dado que el queso, la leche y la lana del pueblo dependían de su buen hacer. Con el paso del tiempo, el trabajo fue volviéndose más y más monótono hasta que un día, fruto del aburrimiento, el pastorcillo decidió divertirse un poco. Subió hasta lo alto de la colina y gritó lo más fuerte que pudo: «¡Socorro! ¡Socorro! ¡El lobo! ¡Que viene el lobo!» Rápidamente se corrió la voz por todo el pueblo. El reverendo, el panadero, el campesino, el zapatero y todo aquel que se enteró de la noticia, se armó con lo que tuvo a mano y acudió a la llamada de auxilio para defender a sus ovejas. Sus organismos estaban agitados. El corazón les latía con fuerza, sus músculos estaban en tensión, las pupilas, dilatadas y su respiración, acelerada.

Al llegar a la cima encontraron al pastorcillo tumbado a la sombra de un árbol muerto de risa. Desconcertados, tardaron unos minutos en darse cuenta de que se trataba de una broma pesada. La situación se volvió a repetir a la semana siguiente, al mes siguiente, a los dos meses, hasta que el día que vino realmente el lobo nadie movió un dedo para ayudarle. La moraleja habitual nos lleva a tomar conciencia de las consecuencias de las mentiras. Sin embargo, existe otra interpretación de la historia que pone al descubierto una de las principales características del organismo: el cerebro no distingue entre realidad y ficción.

La ilustración es para hacer hincapié en que, a pesar de que el lobo únicamente estaba en la mente del pastorcillo y el reverendo, el organismo del religioso se comportó como si una bestia feroz se estuviera merendando a sus ovejas.

Rebobinemos en la historia del pastorcillo hasta el momento exacto en que los habitantes del pueblo escucharon los primeros gritos de auxilio. Todos creyeron que el lobo amenazaba realmente a sus ovejas y sus cuerpos se prepararon para la lucha, desencadenando lo que en biología se conoce como respuesta de lucha-huida. Ante los primeros gritos de auxilio, el reverendo pensó: «¡mis ovejas!», y su organismo experimentó una respuesta de emergencia. En mentiras sucesivas, a pesar de que el pastorcillo gritaba igualmente a todo pulmón, el organismo del reverendo ni se inmutó porque pensaba: «otra vez con la bromita, el demonio este». Ni siquiera el día que vino el lobo y se merendó a sus ovejas, el reverendo movió un dedo, porque pensaba que el pastorcillo estaba mintiendo de nuevo. Por lo tanto, el reverendo y todo el pueblo nunca sintieron la «realidad», sino aquello que pensaban que estaba ocurriendo. Esto es posible porque al cerebro le da igual lo que ocurra realmente, lo importante es lo que nosotros pensamos acerca de lo que ocurre. El organismo no responde a la verdad, sino a nuestra interpretación individual de la realidad.

El *Homo honestus*

Estamos en la cola para entrar al parque de atracciones cuando vemos un cartel que indica: «NIÑOS HASTA DOCE AÑOS ENTRADA REDUCIDA». De repente nuestro hijo adolescente, el cual acaba de cumplir catorce años y luce más bigote que Super Mario Bros, resulta que tiene doce. Andamos un par de metros y nos encontramos de frente con otro cartel que indica sin ambigüedades que no podemos introducir en el recinto comida o bebida alguna. Sin embargo, nuestras mochilas contienen bocadillos, chips y refrescos suficientes como para montar un puesto de ultramarinos improvisado. Nos hacemos los locos.

Una vez dentro del recinto nos encontramos con un excompañero de trabajo. Ante el «¡Hombre! ¿Cómo estás? ¿Qué tal todo?» habitual, contestamos: «¡Muy bien! La verdad es que no me puedo quejar». ¿En serio? La noche anterior apenas hemos pegado ojo por la tensión y el dolor de espalda que nos genera querer dejar el trabajo y, para colmo, el perro está enfermo. Pero estamos «¡muy bien!». Media hora más tarde, mientras nuestro Super Mario hace cola para subir al Tornado, vibra el teléfono móvil. La pantalla del smartphone nos informa que ha llegado a la bandeja de entrada un nuevo correo de trabajo dispuesto a amargarnos el día libre con asunto «URGENTE». Decidimos ignorarlo: «¡Sí, hombre!... ¡Estoy de vacaciones!», pensamos. Cuando al día siguiente nuestro jefe nos llama por teléfono contesta-

mos sorprendidos: «¿Correo? ¿Qué correo? Yo no he recibido ningún correo».
¿Te imaginas cómo sería la vida de una persona, una sociedad o un planeta
que mintiera cada tres minutos a los demás y constantemente a sí mismos?

A lo largo de la vida conocemos entre dos mil y cinco mil personas,
hacemos alrededor de veinte entrevistas de trabajo y pasamos por entre seis
y diez empleos distintos. Según diferentes estudios, en una semana cualquiera mentimos al 35% de las personas con las que entablamos una conversación[13] y solemos cometer un acto deshonesto cada tres minutos de
media*. Y lo peor es que lo hacemos sin darnos cuenta, alegando si nos pi-
llan que nos han malinterpretado o, en última instancia, asumiendo que se
trata de una mentira piadosa sin mala fe. La honestidad es un bien escaso.
Leemos menos de lo que presumimos, flirteamos más de lo que admitimos,
exageramos los comentarios que nos hieren, compramos las cosas más caras de lo que reconocemos, fumamos más de lo que admitimos o hacemos
menos ejercicio del que proclamamos.

La mentira forma parte de nuestras vidas hasta tal punto que vemos el
engaño como un mecanismo crucial para el adecuado funcionamiento de
nuestra sociedad y desarrollamos programas informáticos capaces de detectar mentiras analizando la sintaxis de las oraciones.[14] En poco tiempo, estos algoritmos buscamentiras podrán utilizarse con la misma naturalidad
que el corrector ortográfico en el Word o en un gestor de correo. ¿Cuál sería el resultado de pasar un corrector de honestidad a un currículum vitae?
Seguramente explotaría. Aunque no deja de ser un tema curioso, lo más
importante de todo este tinglado es darse cuenta de cuánto y cómo nos
mentimos a nosotros mismos. A pesar de pasar alrededor de 496.400 horas
a solas con nosotros mismos a lo largo de la vida, ningún experimento se ha
centrado en medir la frecuencia del autoengaño, algo que según mis cálculos hacemos todo el tiempo de mil y una formas distintas (la más habitual es
no reconocer nuestra pertenencia al proceso de la vida).

Entremos en materia. ¿Qué ocurre en el cerebro de una persona deshonesta? Desde un punto de vista anatómico, la honestidad activa la corteza

---

* Este dato procede del trabajo de Robert S. Feldman de la Universidad de Massachusetts.

prefrontal, la zona que cubriremos al ponernos la palma de la mano sobre la frente.[15] Haciendo un viaje mental hasta el estado de Pensilvania, y tras preguntar en conserjería de la universidad por el doctor Langleben, llegaremos al departamento de radiología y psiquiatría, donde los científicos nos explican cómo antes de que la mentira se comunique a los demás se activa una alarma en una zona de la corteza prefrontal conocida como corteza cingulada anterior.[16] Esta diminuta corteza es nuestro detector de honestidad. ¿Cómo? Volvemos. No es necesario decir una mentira en voz alta, verbalizarla, para que el organismo sepa que estamos mintiendo, basta con prestar atención a un pensamiento deshonesto durante más de tres segundos para que salte nuestro detector de honestidad y los efectos de la mentira comiencen a recorrer el cuerpo. ¡Qué locura! Tal y como hemos aprendido con el cuento del pastorcillo, el cerebro no distingue entre realidad y ficción, o dicho de otro modo, para nuestras neuronas no hay diferencia entre pensar o hacer algo.

Es en este mundo de neuronas e impulsos eléctricos donde comprendemos que mentir no tiene nada que ver con decir la verdad a los demás, sino que está relacionado con lo que nos decimos a nosotros mismos. La corteza cingulada funciona como un detector de incendios que rastrea conexiones neuronales en busca de patrones deshonestos y, si los encuentra, llama inmediatamente a la amígdala, la artista que pintará las emociones a base de hormonas. Si queremos conocer a las estrellas del espectáculo, sobra y basta con tomar una muestra de saliva o sangre en el momento en que una persona está siendo deshonesta para darnos de bruces con el cortisol y la testosterona, dos hormonas que se comportan como palomas mensajeras y promueven diferentes procesos fisiológicos que podemos medir.[17] El cortisol se conoce como la hormona del estrés y cuando se atrinchera en sangre aumenta la presión de las arterias, acelera el corazón, agita la respiración y dilata las pupilas.[18] La otra coprotagonista, la testosterona, es la hormona «masculina» por excelencia y disminuye nuestra empatía con el mundo, nos hace menos predispuestos a cooperar, al mismo tiempo que aumenta la agresividad.[19]

Los actos deshonestos nos sitúan en la jaula de las gallinas más agresivas de William Muir y ya sabemos cómo termina la película. De todos modos, que nadie se ponga apocalíptico porque el organismo dispone de los mecanismos necesarios para restaurar el equilibrio una vez cesa el pensamiento deshonesto. Ahora bien, si encadenamos un acto deshonesto tras otro contaremos con niveles elevados de estas hormonas en sangre todo el tiempo, y nos convertiremos en firmes candidatos a presentar desajustes en la tiroides, trastornos inflamatorios, diabetes, hipertensión arterial,[20] a padecer deficiencias inmunitarias, digestivas, en el crecimiento, en la memoria a corto plazo, al mismo tiempo que aumenta la probabilidad de padecer depresión, enfermedades cardiovasculares o cáncer.[21] En otras palabras, la deshonestidad deja nuestra salud hecha mistos.

Los efectos de la deshonestidad están claros: nos roba energía, fomenta el mal humor y desgasta el organismo silenciosamente. ¿Pero qué ocurre cuando somos honestos? Rebuscando en el baúl de los estudios científicos vemos cómo ser honestos reduce el estrés, ralentiza el envejecimiento celular, mejora la salud, nos hace más longevos,[22] nos ayuda a tomar mejores decisiones, a empatizar con el mundo y restablece nuestra conexión con el proceso inteligente de la vida. Entre los detalles de la explicación bioquímica de la honestidad se encuentra el quid de la cuestión: los efectos beneficiosos de la honestidad se deben en gran medida a la hormona de la confianza, la oxitocina, la cual cuenta con las herramientas necesarias para disminuir los niveles de cortisol en sangre.[23] La confianza y la honestidad están estrechamente relacionadas a nivel químico y social. Es imposible ser honesto y desconfiar, o confiar y ser deshonesto. Ambas van de la mano. La desconfianza y la deshonestidad nacen de la separación, de creernos independientes del proceso de la vida, algo absurdo porque nadie ni nada existe al margen de la reacción en cadena de la vida. De esa inconsciencia de pertenencia a la vida nace el sentimiento de soledad que termina tarde o temprano dando lugar a algún tipo de miedo, en el cual se fundamentará la desconfianza y la deshonestidad futura.

Para muchas personas el paradigma ha cambiado y para el resto está cambiando en este momento. La ciencia está contribuyendo con su granito de arena para que así sea. Gracias al trabajo de Frans de Waals y muchos otros investigadores, hemos dejado de ver al *Homo sapiens sapiens* como un ser individualista y egoísta por naturaleza, para mostrar a un ser paciente, cooperativo, empático, que confía en el proceso de la vida y es consciente de él, diseñado genéticamente para tomar decisiones basándose en la honestidad. Estas virtudes nos llevaron en un momento de la historia de la vida a ser los más aptos. Llevamos muchos años tratando de ir contra natura, algo agotador, y ha llegado el momento de dejar de intentar lo imposible. Debemos volver a confiar, ser honestos, e integrarnos conscientemente en el proceso inteligente de la vida para reconocer la no linealidad del universo. Debemos, en definitiva, tomar conciencia de quiénes somos.

En los laboratorios hemos podido comprobar que cuando la situación es realmente complicada y hay sufrimiento de por medio, los seres humanos tendemos a la honestidad aunque tengamos algo que perder, aunque esté en juego nuestra propia economía o nuestra reputación social.[15] Confiemos, seamos honestos y la vida hará el resto. El cuerpo de una persona deshonesta presenta unos parámetros concretos que podemos medir, de modo que, cuando un grupo de personas presencia un acto deshonesto, vemos cómo los parámetros corporales de los observadores cambian como si ellos mismos estuvieran cometiendo el acto deshonesto.[22] La confianza y la honestidad son también altamente contagiosas. Formemos parte conscientemente de la reacción en cadena de la vida, dejémonos guiar por la inteligencia, aprendamos a tomar decisiones de una manera no lineal y contagiemos al mundo entero. Justo en este momento en el que tomamos consciencia de nuestros orígenes, de quiénes somos, se produce un nuevo salto evolutivo: hemos dejado de ser *Homo sapiens sapiens* para dar la bienvenida al *Homo honestus.*

4

EL CEREBRO UNIVERSAL

El despertar del conocimiento y la familia Corn Flakes

En lugares como Corea del Sur, China o Mongolia, el reloj de la vida se pone en marcha en el momento de la concepción. Esto significa que una persona coreana tendrá un año más de edad que una española a pesar de nacer el mismo día a la misma hora, el mismo mes y el mismo año. En este extraño y olvidado período de nueve meses que pasamos en el vientre materno, nos parecemos más a un cetáceo, literalmente a una «bestia marina», que a un humano. Vivimos en un entorno compuesto por un 99% de agua donde nos alimentamos por el ombligo a través de un cordón, tragamos líquido amniótico, hacemos pipí pero no caca (el intestino absorbe toda el agua y los minerales, por lo que no hay nada que eliminar), dormimos alrededor de dieciocho horas diarias, saboreamos, tocamos, escuchamos y vemos a través de un juego de luces y sombras. Nacemos. Y pasamos de un entorno líquido a gaseoso, abriendo el diafragma y los pulmones al mundo para respirar por primera vez, emprendiendo una aventura que nos llevará a descubrir un universo completamente desconocido: el mundo de las relaciones.

Los primeros movimientos del cuerpo son reflejos, no tenemos control sobre ellos, pero son muy importantes porque constituyen la base de futuras acciones como sonreír, ir al trabajo, tener sexo o practicar deporte. Aunque en un primer momento pueda parecer ciencia ficción, las personas nacemos con un cerebro universal repleto de capacidades extraordinarias para el lenguaje, la honestidad, el razonamiento, la confianza o la empatía, y solo necesitamos un estímulo que prenda la mecha para poder desarrollarlas. Los estímulos se convierten en la parte central de nuestra vida y son el acceso directo a una larga lista de habilidades disponibles en el cerebro universal. En los primeros años de vida, los movimientos reflejos son estímulos automáticos que nos empujan a adquirir las primeras habilidades universales, apagando y encendiendo genes como bombillas. Alrededor del 90% de nuestros genes están apagados por esa época y un estímulo tiene la capacidad de encender el interruptor. En definitiva, el estímulo es el dedo que pulsa el botón, activando una serie concreta de genes*.

La principal fuente de estímulos son las relaciones con los demás y con el mundo. Hasta los seis-ocho meses de edad la unión con nuestra madre o cuidador es muy estrecha, hasta el punto que no vemos diferencia alguna y creemos que seguimos formando parte del mismo organismo. Es en ese contexto donde la necesidad de desarrollarnos cobra protagonismo. Según los últimos avances en neurología, el significado más apropiado para esta palabra es entender el prefijo *des-* como romper o soltar y *-arrollar* como la acción de dormir a un niño meciéndolo en los brazos. Por lo tanto, desarrollarnos quiere decir soltar los brazos de la madre y abrirnos al mundo. ¿Pero desarrollarse no era aprender cosas nuevas y progresar? En realidad, no. ¿Y desde cuándo? Desde la entrada en escena del cerebro universal. ¿Y qué quiere decir esto? Disponer de un cerebro universal significa que el conocimiento no se adquiere, ya está ahí de manera natural, accesible a todo el mundo, y todos somos potencialmente capaces de hacer cualquier cosa.

No hay límites. Los genes influyen en el despertar del conocimiento pero no lo controlan. El verdadero protagonista es el estímulo. El estímulo es el dedo que pulsa el botón y pone en marcha los mecanismos necesarios para que emerja un nuevo sistema de conocimiento. Este despertar del co-

---

* Esta es la famosa epigenética. ¡Los estímulos y las decisiones se heredan!

nocimiento se llama aprendizaje, y se caracteriza por una eficiencia energética sobrenatural. Es como si algo dentro de nosotros dijese: «¿Para qué queremos desarrollar una habilidad excepcional para golpear una pelota con los pies si no vamos a dedicarnos a jugar al fútbol profesionalmente?»

¡Marchando un ejemplo! Un estímulo puede ser la simple intención de un adulto por reconocer los gestos de un bebé como lenguaje o la intención de un adulto por interpretar el comportamiento de un bebé como razonado, confiado o empático. Estos estímulos, son los que despiertan realmente el lenguaje o el juicio en el cerebro universal y son, a fin de cuentas, los que terminan convirtiéndonos en seres humanos. Si el 99% de nuestros genes son idénticos a los de un chimpancé, y es evidente que existe una peluda diferencia… ¿qué es lo que nos hace distintos? Los estímulos. Un estímulo es un encuentro entre dos seres vivos, sea entre un metal y un gato, entre un árbol y una jirafa, o entre un hombre y un chimpancé; son las personas con las que nos encontramos, los proyectos en los que participamos o las decisiones que tomamos. El estímulo es un despertador de habilidades del cerebro universal. Entonces, ¿qué ocurriría si un chimpancé recibe estímulos humanos?

Imaginemos un núcleo familiar tradicional compuesto por un padre, una madre y un hijo de diez meses, al que incorporamos de golpe y porrazo un nuevo miembro: una chimpancé de siete meses de edad a la que llamaremos *Gua*. El pensamiento lineal que nos caracteriza nos lleva a esperar que Donald, el bebé de diez meses, asumirá el papel de líder: «es mayor y, además, hombre», puede razonar nuestro cerebro machista. Pero lo cierto es que, cuando el investigador estadounidense Winthrop Kellogg y su mujer llevaron a cabo este experimento en el seno de su propia familia, ocurrió justo lo contrario. En un período de nueve meses, *Gua* se adaptó con más rapidez al entorno, era más obediente, tenía mejores modales en la mesa, aprendió a pedir perdón y era capaz de asearse ella sola, convirtiéndose en la líder indiscutible. Los investigadores se dieron cuenta de que *Gua* usaba los estímulos de los adultos humanos, accediendo al cerebro universal «humano», mientras que *Gua* se convirtió en la principal fuente de estímulos de Donald. De algún modo, el niño accedió al cerebro universal de «chimpancé» durante nueve meses y fue incapaz de formar oraciones o utilizar las cincuenta palabras habituales en los niños de su edad. El potencial seguía estando ahí, pero sin acceso al cerebro universal «humano» de nada servía.

Probablemente, este fue el detonante que hizo a la familia Corn Flakes dar por finalizado el experimento. Kellogg dejó huella del estudio en el *El chimpancé y el niño*, publicado en 1967*. Los estímulos son el guía que nos da acceso al cerebro universal y la genética se encarga de vigilar que no perdamos de vista nuestro objetivo dentro del proceso de la vida, haciendo que los perros no hablen con voz humana o las personas no volemos con alas de plumas.

El cerebro universal

El investigador György Gergely revisaba minuciosamente el trabajo de Andrew Meltzoff y su equipo de la Universidad de Washington. En el estudio, un bebé de menos de un año de edad veía la siguiente escena: un adulto sentado en una silla frente a una mesa y, sobre ella, una caja negra con un pulsador de plástico. En un momento dado, el adulto acciona el pulsador con la cabeza bajo la atenta mirada del bebé dando lugar a una fiesta de luces y música que tanto gustan a los más pequeños. Acto seguido, los investigadores ponen al niño frente al pulsador para observar su comportamiento. ¿Pulsará el botón con la cabeza? ¡Tachán! Así fue. El artículo de Meltzoff llega a la lógica conclusión de que el comportamiento del niño está basado en la imitación, pero Gergely tenía una corazonada y su intuición insistía en que había algo más. Estaba en lo cierto.

Catorce años después del experimento original, Gergely repitió el mismo procedimiento con una pequeña variación: en uno de los casos, la persona que acciona el pulsador con la cabeza pone sus manos sobre la mesa

---

* Para que aquellas mentes más éticas puedan descansar en paz, el experimento terminó a los nueve meses y el hijo de Winthrop tuvo un desarrollo completamente normal, licenciándose en Medicina años más tarde.[1]

visibles a los ojos del bebé y en el otro caso el adulto esconde las manos bajo la mesa como si las tuviera ocupadas. Si las suposiciones anteriores de Meltzoff eran ciertas, el bebé usará en ambos casos la cabeza para accionar el pulsador al tratarse de una simple imitación, pero no fue así. Cuando el adulto tenía las manos a la vista, el niño acciona el botón con la cabeza, mientras que cuando el adulto tenía las manos ocupadas, el niño acciona el pulsador con la mano.[2-4]

El bebé acciona el botón con la cabeza solo cuando el adulto tiene las manos a la vista sobre la mesa porque interpreta de algún modo que es la forma correcta de hacerlo. «¡No va a ser tan cretino de activar el botón con la cabeza si puede hacerlo con la mano!», parece razonar el bebé. Entonces, cuando el adulto tiene las manos ocultas u ocupadas, el bebé acciona el pulsador con la mano al reconocer que este habría hecho lo mismo si hubiese podido. Este comportamiento queda a años luz de la imitación. Es inteligente, intuitivo, y nos enseña cómo los niños construyen sus propias teorías acerca del mundo y del funcionamiento de las cosas por medio del cerebro universal, basándose al mismo tiempo en aspectos claves para nuestro éxito evolutivo como son la empatía, la confianza o la honestidad.

Los bebés son capaces de hacer cosas tan asombrosas con un cerebro apenas desarrollado que nos empujan a pensar que las decisiones son algo más que un producto cerebral. Imaginemos a un recién nacido de veintinueve días de edad en una habitación totalmente a oscuras jugueteando con el clásico chupete liso de agradable silicona. No puede verlo con sus propios ojos, pero puede ponérselo en la boca y explorarlo. Transcurrido un tiempo, le quitamos con cariño el chupete y lo dejamos sobre la mesa. Antes de encender la luz, añadimos un segundo chupete con una tetina ligeramente diferente compuesta por pequeñas puntas con forma de cactus, para ver si el recién nacido es capaz de identificar mediante la vista algo que únicamente ha explorado mediante el tacto. Los investigadores que llevaron a cabo el experimento comprobaron en una prueba de reconocimiento posterior cómo el bebé identificaba sin esfuerzo el chupete que había tenido en la boca.[5] ¿Cómo podían reconocer visualmente el chupete si nunca antes lo habían visto? La cosa va mucho más allá.

Para apoyar mi pobre descripción de la tetina, un detalle de los chupetes utilizados en el experimento de Meltzoff y compañía.

Con ciento veinte horas de vida, los seres humanos somos capaces de diferenciar cuándo una persona cambia de idioma (pasa de hablar holandés a japonés). A partir de los nueve meses somos capaces de tomar decisiones morales aunque no podamos justificarlas hasta los siete u ocho años. Esto podemos saberlo porque cuando un bebé presencia a una marioneta llevar a cabo un acto honesto y a otra marioneta distinta uno deshonesto, el niño prefiere jugar con la marioneta que actúa honestamente. Hay algo en su interior que le empuja a simpatizar con la honradez y la bondad. ¿Cómo puede manejar un bebé conceptos tan complejos como la justicia o la honestidad? Gracias al cerebro universal. El conocimiento ya está ahí y los estímulos son la puerta de acceso. En los laboratorios, los bebés han presentado nociones básicas de matemáticas, aptitudes sociales y morales, un don para el lenguaje o para el razonamiento lógico.[6]

Cómo evitar lo inevitable

Existen aspectos muy característicos de los seres humanos que salen a la luz con dos servilletas y un poco de ingenio. Tenemos dos servilletas repartidas en una mesa de madera de la siguiente forma: la servilleta A a la izquierda y la B a la derecha. A continuación escondemos un objeto con la servilleta A bajo la atenta mirada de un bebé de diez meses. Con esa edad, el niño cuenta con una idea acerca de la profundidad y del espacio, y sabe que el objeto no ha desaparecido sin más o ha sido abducido por un extraterrestre; está oculto debajo de la servilleta. Ahora bien, si justo cuando introducimos el objeto en la servilleta A y el bebé inicia su reacción, cambiamos el objeto de la servilleta A a la B, el niño se comporta como si el objeto estuviera en la A aunque haya visto el cambio. ¿Por qué sucede esto?

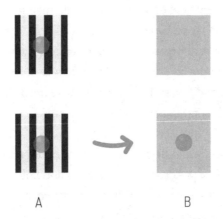

A   B

He aquí un esquema del estudio de Adele. Un bebé es capaz de identificar el objeto oculto bajo la servilleta A sin despeinarse. Ahora bien, se vuelve majara cuando el investigador cambia el objeto oculto de la servilleta A a la servilleta B porque es incapaz de frenar la acción de respuesta iniciada. (Aunque lo esté viendo con sus propios ojos. Sí, lo sé... ¡Qué rabia!)

Esta es la principal diferencia entre un niño y un adulto. Madurar consiste en aprender a frenar respuestas automáticas más que en aprender cosas nuevas. Por eso el bebé sabe que el objeto está debajo de la servilleta B, pero su cerebro no le permite manifestarlo porque su sistema de control todavía no está lo suficientemente maduro, y no dispone de los mecanismos neuronales necesarios para frenar la batería de muecas y movimientos que se habían iniciado antes de que el investigador cambiara el objeto de la servilleta A a la B*.

En los primeros años de vida nuestra principal fuente de estímulos son los padres. Gracias a ellos adquirimos nuevas habilidades con rapidez y comienza el desarrollo de una zona importantísima para las personas: la corteza prefrontal (mano en la frente). En ella encontramos el sistema ejecutivo, un árbitro capaz de regular el uso de las habilidades que vamos despertando. En lenguaje de estar por casa, el sistema ejecutivo nos permite soltar un vaso de leche caliente cuando nos estamos quemando, y si este sistema está poco desarrollado las personas no sabemos cómo soltar el vaso conscientemente y obligamos al organismo a poner en juego un acto reflejo para no quemarnos gravemente. Esto es lo que le ocurre al bebé en el juego de las servilletas. Sabe que está en la B pero no puede frenar la respuesta automática de «está en la servilleta A» porque su sistema de control no ha madurado lo suficiente.

Cuando un estímulo llega y despierta una nueva habilidad, con el uso, esa nueva habilidad pasa a ser una respuesta aprendida. Este proceso lo hacemos a toda pastilla, pero el problema surge cuando queremos parar un comportamiento automático, porque los sistemas ejecutivos que nos permiten controlar las respuestas aprendidas son mucho más lentos y perezosos. Dando un salto al mundo de los adultos, vemos que nuestro sistema ejecutivo continúa yendo por detrás durante toda nuestra vida. Los adultos podemos enviar un cohete a la Luna o inventar los antibióticos, pero no

---

* El experimento original fue llevado a cabo por el asiduo a los libros de psicología Jean Piaget en el siglo pasado, y Adele Diamond es la heroína que dio un giro de ciento ochenta grados a los estudios originales y, con ellos, a la perspectiva actual de la educación.

podemos evitar preocuparnos por una reunión importante de trabajo, por no llegar a fin de mes o por una infidelidad.

Tenemos una facilidad pasmosa para engancharnos a los pensamientos y serios problemas para dejar de prestarles atención (sobre todo si la posibilidad de sufrir asoma). Un día puede dar un giro de ciento ochenta grados en fracciones de segundo por un comentario o simplemente por una posibilidad. «¿Y si pierdo el trabajo?» Un *y si...*, un *penséque* o un *creíque* es más que suficiente para pasarnos la noche en vela preguntándonos qué va a ser de nosotros. El diagnóstico es una descompensación entre aprendizaje y sistema ejecutivo (tal vez este sea el motivo por el cual buscamos con frecuencia inhibidores externos como el alcohol o las drogas*).

Si vamos al terreno importante, la práctica, ¿qué podemos hacer al respecto? El primer paso es, siempre, tomar conciencia. ¿Tomar conciencia de qué? Tomar conciencia de cómo el cerebro y el organismo generan los pensamientos y de nuestra percepción particular de la realidad. Este es el estímulo necesario para empujar al sistema ejecutivo a despertar. La única manera efectiva de frenar una respuesta automática es hacerla consciente, hacerla nuestra, aprender a integrarla en nuestro día a día, en el proceso de la vida. La neurología nos enseña que es justo al revés de como siempre hemos pensado. No debemos aprender a resistirnos, gestionarla o controlarla. La capacidad de integrar cualquier respuesta automática está ahí también, en nuestro cerebro universal, pero necesitamos un estímulo que impulse el despertar, y ese estímulo nace de tomar conciencia de cómo el organismo genera los pensamientos y la realidad. Hacia allí nos dirigimos.

---

* Según un informe mundial de la UNODC (United Nations Office on Drugs and Crime), alrededor de doscientos cincuenta millones de personas consumieron drogas en el 2014, y el 76,8% de los estudiantes españoles entre catorce y dieciocho años reconoce haber consumido alcohol en 2016 según el Ministerio de Sanidad.

5

EMANEMS RELLENOS DE SENSACIONES Y EMOCIONES

Generando la realidad

Estamos a punto de entrar en el organismo y en la mente humana para entender cómo percibimos la realidad. Así, sin anestesia. La tentación académica es comenzar a lanzar definiciones de qué es o qué deja de ser la realidad, a hablar de la verdad, de la mente, de la consciencia o las percepciones. Lo llaman «establecer las bases» y, aunque lo hayamos hecho durante años, suele ser poco práctico, incluso soporífero si no nos hemos preparado psicológicamente para ello. En este espacio no vamos a filosofar acerca del umbral de la consciencia o del pensamiento no consciente, ni a destripar un dispositivo de resonancia magnética para entender su conductividad funcional. Existen millones de libros y publicaciones que lo explican a las mil maravillas. Estas páginas están escritas para los seres humanos de a pie, incluidos científicos, administrativos, ingenieras o amas de casa, para los médicos cuando se han quitado la bata, para la parte humana de las personas, para el carnicero vegano, para el psicólogo de parejas divorciado, para el empleado de banca sin blanca o para el cardiólogo que padece problemas de corazón. Si tanto sabemos, ¿por qué los psicólogos, los neurólogos o los ingenieros biomédicos no somos felices todo el tiempo? La respuesta es obvia.

Las personas que aparentamos saber, seamos de ciencias o letras, detrás de un vocabulario complejo y un pensamiento abstracto, escondemos una enorme ignorancia: vivimos sin saber quiénes somos, ignorando lo que significa ser humano, sin entender las relaciones, sintiéndonos a menudo perdidos, y difícilmente encontramos nuestro espacio en el mundo. Y nadie debe avergonzarse de ello porque cuando se trata de la vida no hay diferencia entre el inteligente y el ignorante, entre el político y el ciudadano o entre el director de investigación y el barrendero. Entonces no tenemos más remedio que mirar a la cotidianidad como personas normales y corrientes, y al hacerlo descubrimos que somos capaces de comprender cómo funciona nuestro organismo y cuál es nuestro papel en el proceso de la vida sin tecnicismos, sin palabras enrevesadas. Con lo que tenemos y sabemos sobra y basta. No era necesario comprar este libro, ni existe la necesidad de leer a otro autor porque este no piensa como yo. Una persona es un trocito de universo potencialmente capaz de descubrir por ella misma el sentido de la vida. Damas y caballeros, tenemos por costumbre subestimarnos. Disponemos de un cerebro universal y no solo para el lenguaje o temas morales, tan solo necesitamos el estímulo adecuado y, ese estímulo, viene de dentro. Sigamos en esta dirección nuestro viaje. Puede que en el camino se nos cuele algún que otro experimento científico como ha venido ocurriendo hasta ahora, pero debe quedar claro que su finalidad nunca es ni será tener razón o dar validez a un argumento, sino ofrecernos un punto de vista diferente. Este es el gran potencial de la ciencia que muy pocos ven; nos saca de la costumbre, de nuestra forma habitual de ver las cosas, ofreciendo un punto de vista completamente nuevo. Ese punto de vista original e inédito es el verdadero tesoro de la ciencia.

Desde hace dos mil generaciones, unos sesenta mil años, la anatomía del cerebro y el organismo humano es la misma. Lo único que ha cambiado drásticamente es nuestra forma de relacionarnos, y las personas nos relacionamos con el mundo en función de la realidad que percibimos. Por eso es tan importante entrar en la mente del dependiente chino, del bróker o de los lectores, y descubrir cómo se las apaña un organismo para generar una percepción particular de la realidad. Es decir, vamos a ver cómo se las arregla un cerebro para pensar que nuestra pareja nos está siendo infiel cuando en realidad está tratando de organizarnos una fiesta sorpresa, por qué montamos un drama si nos echan del trabajo (cuando hemos dicho mil millones de veces que queríamos dejarlo) y también, un clásico en la vida de muchos, por qué siempre aparece el típico melón que asegura que «el universo está tratando de decirnos algo».

El cerebro también tiene sus manías, y una de ellas es convertir lo aparente en evidencia para ofrecernos un presente apetecible y coherente. Resulta que los seres humanos somos alérgicos a la incertidumbre y al no saber. De ahí, que nuestro querido cerebro se invente algún que otro detalle (con importancia) para intentar por todos los medios tenernos contentos. La pregunta es: ¿cómo de graves son las ilusiones que inventa nuestro cerebro a la hora de construir la percepción individual de la realidad? La respuesta a esta pregunta es un punto de encuentro entre algunas tradiciones orientales y la neurociencia: la ilusión es la tónica dominante en el organismo y no algo puntual. El desafío y lo fascinante del asunto es que si queremos ser felices va a tener que ser a través de la realidad ilusoria que percibimos.

Fotografiando la existencia

Los programas de retoque fotográfico mediante filtros son un fenómeno mediático. La idea de mejorar una imagen con un solo clic ha cautivado a millones de personas y revolucionado el mundo de la fotografía. Cuando el sensor de una cámara capta la luz que refleja un objeto, estampamos la realidad en las diminutas celdas que poco después se convertirán en los famosos píxeles. Una fotografía es una representación eléctrica de la luz que en ese momento hay delante del objetivo, es decir, una percepción. Aplicar un filtro a una imagen es cambiar el valor de cada píxel con un fin estético, y es equivalente a crear una opinión o un recuerdo acerca de esa percepción.

De este proceso hay dos cosas a subrayar con fosforito. Por un lado, el objetivo de la cámara tiene sus limitaciones y capta la luz de una pequeña porción de espacio en función de su tamaño o de la calidad de los cristales de la lente, perdiendo gran cantidad de información de la escena real por el camino. Por ejemplo, la información referente a la profundidad no queda registrada en ningún sitio y los colores originales cambian en función de las características de los cristales de la lente, del sensor de la cámara y de otros componentes. Todos y cada uno de los elementos empleados por la cámara para captar la luz forman un «sentido», y la fotografía final es una interpretación electrónica de la realidad: la percepción. El segundo aspecto interesante viene cuando recortamos o aplicamos un filtro a la imagen. En ambos casos estamos modificando la interpretación que ha realizado la cámara de la escena original y la imagen procesada se aleja todavía más de la realidad, se distorsiona. La fotografía más real que podemos llegar a hacer con la mejor cámara del mercado, ajustando todos los parámetros de forma idónea, captaría un 0,01% de toda la información existente delante del objetivo. Entonces nos hacemos un selfi y decidimos recortar la imagen para ponerla de foto de perfil.

Sacando cuentas, si nos quedamos con una parte de la imagen real, la cantidad de realidad de esa imagen sería menor, y todavía no hemos aplicado ese filtro maravilloso que hará que nuestra piel parezca la de un supermodelo antes de subirla a Instagram. Al seleccionar el filtro *Estrella del Pop* estamos cambiando el valor de cada píxel y, sin darnos cuenta, volvemos a alterar la información de la realidad percibida por la cámara. Aplicar un filtro sobre una imagen es equivalente al efecto de la memoria sobre la percepción de la realidad, la cual cambia por completo el resultado. A pesar de todo, la imagen filtrada nos gusta más, será totalmente coherente con nuestra forma de ver el mundo, pinta la realidad de color de rosa, y poco importa que esa imagen o percepción contenga una parte ridícula de realidad. Cualquier decisión que tomamos acerca de nuestro negocio, de nuestra vida amorosa o de nuestra salud se basa en la percepción que tenemos de la realidad, y no está teniendo en cuenta toneladas de información.

Los sentidos de los organismos trabajan de manera muy similar a una cámara de fotos. Dos dispositivos de la misma marca fabricados en la misma tirada no hacen fotos idénticas porque pueden montarse con objetivos diferentes y sus componentes, aunque están conectados de la misma forma, son ligeramente distintos. Si a esto le añadimos que un órgano puede modificarse a sí mismo en función de los estímulos, caemos en la cuenta de que cada ser vivo percibe una realidad única y particular. Pongámonos por un momento en la piel de un vegetal, o mejor dicho, en las fibras de un vegetal. ¿Cómo percibe la realidad un helecho? Imaginemos un ser que permanece toda la vida en el mismo lugar, nada de ir a un japonés a cenar y después a un concierto de Luis Fonsi a escuchar *Despacito* (algo que podemos llegar a agradecer de algún modo). En esta situación, nos vendría como anillo al dedo disponer de un sentido que nos permita «sentir» el entorno a unos cuantos metros de distancia. Así, cuando se acerque una cabra dispuesta a merendarnos, tenemos tiempo suficiente para activar un mecanismo interno que vierta resina sobre las partes vitales, impidiendo así que el mamífero nos deje más en los huesos que Tom Hanks en *Náufrago*.

En una planta podemos encontrar más de veinte sentidos, más de veinte órganos capaces de percibir diferentes estímulos, fascinantes y extraños a partes iguales. Además de los cinco sentidos humanos adaptados al reino vegetal, las plantas disponen de órganos sensoriales capaces de determinar la humedad del terreno, medir con precisión campos electromagnéticos (permitiéndoles controlar el crecimiento), comunicarse con otros insectos para debatir temas de polinización y detectar peligros a kilómetros de distancia. Gracias a sus sentidos, los árboles y las plantas son capaces de generar una realidad dominada por la humedad, por lo químico y lo térmico, que les guía en su propósito particular dentro del proceso de la vida.

Existen tantas percepciones de la realidad como seres en el universo. Los osos, sin ir más lejos, liberan sustancias gracias a unas glándulas situadas en la planta de sus manos y pies que les permiten transmitir información acerca del sexo o la edad y comunicarse a distancia con una precisión increíble.[1] Las extremidades de los elefantes también son herramientas de comunicación fascinantes. Su elevada sensibilidad les permite detectar vibraciones de tierra a más de quince kilómetros de distancia. En el reino de los antófilos, textualmente «los que aman las flores», las abejas utilizan el campo terrestre de la Tierra para orientarse gracias a que unas células en su abdomen están recubiertas de un mineral magnético y sirven de brújula, algo que también hacen a su manera ornitorrincos y tiburones, mientras las polillas son capaces de olfatear sustancias químicas a más de diez kilómetros de distancia.

Cada polilla, planta, oso, elefante, tiburón o abeja percibe una porción diferente de la realidad en base a la información proporcionada por sus sentidos, y construyen con ella un presente apetecible y único. ¿Cómo es la percepción de la realidad para una polilla? Ser larva, volar, captar aullidos ultrasónicos de sus depredadores los murciélagos… ¿Qué se siente al tener unas neuronas auditivas capaces de detectar el movimiento de un átomo? ¿Cómo se siente un elefante al comunicarse a quince kilómetros de distancia utilizando el suelo como medio de transmisión? Tal vez inspirado en los elefantes, Tesla propuso transmitir energía eléctrica gratuita usando el suelo terrestre como canal de transmisión. ¡Qué complicado nos resulta imaginar otras formas de percibir la realidad! Tendemos a humanizar cada cosa que vemos, a atribuir sentidos humanos a todo cuanto nos rodea, tratamos de aplicar nuestra lógica lineal al mundo que percibimos y por eso nos resulta tan complicado entenderlo.

La receta de la percepción

Durante millones de años nuestro cerebro ha evolucionado con el único objetivo de ofrecernos un presente apetecible, llegando a la conclusión de que, para tener un buen presente, necesitamos percibir una realidad coherente. En la sociedad occidental actual, la coherencia es sinónimo de estabilidad, de ausencia de sufrimiento, hasta tal punto que muchas personas preferimos renunciar a la felicidad y conformarnos con no sufrir en exceso. De este modo, el ser humano se ha convertido en el único ser vivo capaz de preocuparse por cosas que no han ocurrido y puede que nunca ocurran, haciendo de la incertidumbre nuestro mayor enemigo. La receta de la percepción de la realidad se elabora con siete ingredientes principales y cubre estas y otras necesidades. Cada sentido se encarga de preparar la información poniéndola a remojo, retirando o lavando la piel según el caso y usando un colador para limpiar impurezas. Una vez la información está preparada, se van añadiendo y mezclando los ingredientes paso a paso. En el recipiente de la realidad vertemos agua (oxígeno e hidrógeno) y disolvemos una pastilla de Avecrem hecha a base de carbono, nitrógeno, calcio, fósforo o potasio entre otros. Entonces vertemos quinientos gramos de lo que vemos, batimos trescientos gramos de información procedente del oído, cien gramos de las sensaciones generadas por el tacto y cincuenta gramos de aquello que olemos y saboreamos. Dejamos cocer durante un segundo a fuego medio y añadimos tres cucharadas de información interna del organismo donde encontramos emociones y sensaciones de bienestar o malestar, para terminar salpimentando el plato con una ración generosa de memoria. Aquí tenemos la percepción de la realidad.

En la primera parte de la receta, la clave radica en preparar adecuadamente la información. Los sentidos son los pinches de cocina encargados de filtrar los estímulos y traducirlos a un lenguaje de impulsos electroquímicos que el cerebro pueda entender. Cada uno tiene sus particularidades. Sabemos que los ojos distinguen mejor el blanco y el negro que los colores, que los poros de la piel detectan ondas sonoras claves para la compresión del mensaje (el tercer oído), que el sabor de los alimentos depende del apetito que tengamos y que el olfato sincroniza los ciclos menstruales de las damas. Para matar el gusanillo de la curiosidad, esta sincronización ocurre gracias a las feromonas, sustancias químicas voladoras que también nos ayudan a encontrar pareja averiguando si nuestro sistema inmunológico y el de la persona que tenemos en frente son compatibles.

Tomemos el sentido de la vista como ejemplo para hacernos una idea general acerca de cómo el organismo genera la percepción de la realidad. El ojo es el órgano estrella de este sentido, y su función principal es guiar la luz hasta la retina, un trozo de cerebro en el ojo. La retina es una zona colonizada por unas células ricas en fotopigmentos, una sustancia química capaz de convertir las ondas electromagnéticas en un lenguaje que el cerebro puede entender: la electricidad. Por el camino, al igual que ocurre con la cámara de fotos, además de perder gran cantidad de información de la escena real, el organismo hace unos cuantos apaños más o menos chapuceros para ofrecernos a toda costa ese presente apetecible y coherente. ¿Sería apetecible un presente en el que cada una de las imágenes percibidas por el ojo tuviera un punto negro en el centro? La verdad es que sería un peñazo.

Los ojos están conectados al cerebro por medio del nervio óptico del mismo modo que el palo de un Chupa Chups al caramelo. Un nervio es una agrupación de células capaces de transmitir información en forma de impulsos eléctricos y, como la retina ya ha convertido la luz en impulsos eléctricos previamente, un nervio es el medio de transmisión ideal. Pues bien, resulta que justo en el punto donde la retina se conecta con el nervio solo hay células nerviosas y la información lumínica que llega justo a ese espacio se pierde porque no hay células capaces de capturar luz. Teóricamente, todas las personas deberíamos tener un agujero visual, un punto ciego, debido a la conexión retina-nervio óptico, pero esto no ocurre en nuestra percepción de la realidad. ¿Por qué? Porque el cerebro sabe de algún modo que esto nos resultaría incomodísimo y obliga a la corteza cerebral a rellenar la información del punto ciego a partir de la información recogida por las células vecinas*. El cerebro dice: «¿No tengo información? ¡Pues me la invento!», y se queda tan pancho.

Existen muchísimos ejemplos como estos. Cojamos una cámara de vídeo doméstica antigua, pongámosla a la altura de los ojos y grabemos mientras corremos a toda prisa por la calle. Luego subamos a casa y reproduzcamos el clip de vídeo. Seguramente veamos una grabación inestable que baila todo el tiempo. Incluso cuando grabamos parados cámara en mano, el clip de vídeo tiembla y se tambalea ligeramente. En teoría las personas deberíamos ver la vida con esa inestabilidad y balanceo, pero no ocurre. ¿Por qué no ocurre? Porque de nuevo nuestro cerebro, al igual que los móviles

---

* Esta misma idea se utiliza para la compresión de imágenes; suponemos que el color de un píxel será similar al de un píxel vecino.

actuales, estabiliza las imágenes para ofrecernos un resultado lo más apetecible posible. Esta estabilización se realiza gracias al oído interno, quien se encarga de modificar la información procedente del nervio óptico para compensar el movimiento de la imagen. A fin de cuentas, de una manera u otra el organismo termina alterando la información que proviene del exterior y construye la percepción de la realidad con unos datos falsos. Todas y cada una de estas inteligentes artimañas tienen una finalidad común: ofrecernos un presente apetecible. El precio a pagar es que del 100% de la información objetiva que tenemos a nuestro alrededor solo percibimos un 0,01% de información.

Que no cunda el pánico. Vamos a hacer una fotografía de la realidad empleando el ojo humano del mismo modo que hicimos con la cámara de fotos, con el fin de aclarar de dónde sale ese 0,01%. Vivimos rodeados de una cantidad descomunal de información y solo una pequeña parte alcanza la retina en las profundidades del ojo humano. Podríamos tasar esta pequeña porción de universo en unos diez mil millones de unidades de información electromagnética por segundo. Esta cifra representa la percepción de la realidad más fiel que podríamos llegar a tener. Ahora bien, en la retina caben seis millones de unidades de información cada segundo y por el nervio óptico solo pueden viajar un millón de unidades de información debido a que su anatomía y características convierten al nervio en una autopista de carriles limitados que comunica la retina con la corteza visual situada en el cerebro. Entre unas cosas y otras, consiguen llegar intactas a la corteza visual alrededor de diez mil unidades de información en un segundo.[2] Esta información visual se amasa en el cerebro y se filtra con otros sentidos para construir la percepción de la realidad*.

Los números anteriores hablan solo del sentido de la vista, pero lo verdaderamente interesante es repetir el mismo razonamiento para determinar cuántos olores podemos percibir de todos los existentes, y volver a

---

* En la naturaleza existen otros seres vivos, como la Gamba Mantis, capaces de captar mucha más información visual que los seres humanos gracias a sus doce fotorreceptores.

hacer el mismo proceso para los cambios químicos, variaciones de temperatura, de presión, los sonidos o sabores, hasta englobar todos y cada uno de los aspectos conocidos que participan en la percepción. De este modo, podemos hacernos una idea general de cómo el cerebro levanta la carpa de la realidad humana: haciendo uso de una porción minúscula de la vasta cantidad de información existente en el universo. De entre los cuarenta mil y los cuatrocientos mil millones de unidades de información por segundo que habita en una situación de vida cotidiana, el cerebro humano es capaz de percibir a través de los sentidos aproximadamente dos mil millones. Esta cantidad de información representa la materia prima con la que cuenta el organismo para construir la percepción de la realidad en un segundo. Con estos números, y contemplando el caso más favorable, podemos decir que el cerebro apenas utiliza el 5% de toda la información que llega a nuestros sentidos. Hablando en plata, las personas decidimos qué carrera estudiar, argumentamos, discutimos o iniciamos una guerra basándonos, en el mejor de los casos, en un 5% de la realidad. Pero la cosa no termina ahí. Todavía estamos lejos de la percepción de la realidad tal cual la conocemos porque no ha entrado en el terreno de juego la memoria o la atención.

Emanems rellenos de sensaciones y emociones

Antes de continuar en nuestra andadura por la percepción de la realidad, haremos mención a un sentido excepcional. Con las manos podemos medir longitudes, pesar objetos y expresar emociones gracias al sentido del tacto. Ciertamente es algo increíble, pero el sentido del tacto, de la vista o el oído, no pueden hacer que tengamos la sensación de vivir en el cuerpo de una *Barbie* o soltar mariposas en el estómago. Esto es obra del sexto sentido, el cual viene a recordarnos que el cuerpo es una ilusión generada por la mente. Desde este prisma, los seres humanos somos Emanems rellenos de sensaciones y emociones. Estas sensaciones nacen en los estímulos y, anticipándonos disimuladamente, las emociones humanas tienen su origen en las cosas que pensamos. Toda esta información emocional y sensorial podemos verla a 4K y con Dolby Surround desde nuestra querida ínsula.

El sexto sentido nada tiene que ver con una película de Bruce Willis, sino más bien con diminutos espías que todas las personas tenemos repartidos por el organismo e informan constantemente de lo que ocurre en su interior. Siguiendo con la ristra de nombres intuitivos y «fáciles» de recordar que amenizan la vida del estudiante de ciencias de la salud, en el ámbito académico el sexto sentido se conoce como interoceptivo. Estos James Bond particulares se encuentran a diferentes profundidades de la piel, incrustados en los músculos, en las articulaciones o en los órganos, vigilando de cerca cambios en la presión pulmonar, sanguínea, alteraciones químicas, variaciones de temperatura u otras sensaciones como el dolor, y tienen órdenes precisas de avisar con la mayor brevedad posible al cerebro ante cualquier situación sospechosa. En resumidas cuentas, el sexto sentido nos da información de si nos levantamos frescos como una rosa o agotados por la mañana, de lo confortable o incómoda que resulta una comida con los suegros, o de si estamos estresados o relajados durante las vacaciones. También nos permite saber si un alimento que ha conseguido sortear el control del olfato y el gusto nos ha sentado mal y también nos advierte de cualquier lesión muscular u ósea para que podamos parar a tiempo antes de agravar la situación.

Cuando un espía detecta un cambio químico, el agente redacta un informe a toda prisa y lo envía al recepcionista del cerebro, el tálamo, quien tramita el aviso al sector correspondiente. En este punto, todavía no podemos sentir las mariposas en el estómago o el dolor de cabeza en la cabeza porque, aunque la información ha llegado al cerebro, no se ha representado todavía ninguna sensación corporal. Si pisamos una chincheta, el cerebro tocaría la campana del dolor, pero a estas alturas no sabríamos dónde nos duele y la chincheta podría quedarse en nuestra suela hasta el fin de los tiempos. La amígdala, el hipotálamo y la corteza cerebral todavía no han dicho dónde, ni han perfilado unos cuantos aspectos prácticos para hacer que experimentemos la sensación corporal tal cual la conocemos. Una vez entran estas estructuras en juego, podemos sentir la chincheta en el pie y las mariposas en el estómago, y únicamente faltaría el matiz de quien está sintiendo ese dolor. La ínsula nos permite tomar conciencia de ello.

Fantasmas y el hombre de los sentidos

Antes de adentrarnos en tierra de fantasmas y gigantes, llevemos a cabo un experimento mental con ayuda de tecnología punta. El ensayo consiste en estimular la corteza somatosensorial de una persona con pequeñas descargas eléctricas generadas por un cable y una pila a intervalos concretos. Este montaje, más propio de un aula de escuela que de un laboratorio, es más que suficiente para saber cómo el cerebro ve el cuerpo. Con algunas modificaciones, los científicos hemos conseguido dibujar un mapa sensorial que relaciona cada área concreta del cerebro con una parte del organismo sin necesidad de rebanarle el cráneo a nadie*. Para terminar de poner cada cosa en su sitio, solo faltaría añadir que la corteza somatosensorial es el área cerebral que cubriríamos con una diadema fina si la ponemos detrás de las orejas y mirando al cielo. Nuestras piernas, manos, boca o nariz están conectadas a esta corteza somatosensorial con un número determinado de neuronas de tal manera que, si además dibujamos el tamaño de la parte del cuerpo en proporción a la cantidad de conexiones neuronales existentes (cuantas más conexiones, más gama de sensaciones podemos tener y mayor tamaño de la parte en cuestión), obtendríamos el retrato de un ser humanoide con manos de orangután y boca repleta de bótox con un tremendo parecido a Carmen de Mairena. En la literatura científica, este humanoide se conoce como el homúnculo sensorial y representa cómo el cerebro ve nuestro cuerpo.

___

* Gracias a la estimulación magnética transcraneal podemos activar la corteza cerebral, médula espinal y nervios periféricos a voluntad, sin invadir el organismo, con ayuda de un campo magnético.

El homúnculo sensorial de Penfield es una representación de la corteza somatosensorial: la recepcionista del tacto en el cerebro. ¿Y para qué sirve con lo feo que es? El homúnculo permite hacernos una idea de la sensibilidad que tenemos en cada parte del cuerpo. Cuanto más grande se represente la parte en cuestión, mayor sensibilidad de esa zona al tacto.

Dicho sea de paso, ya que estamos metidos en el ajo, una representación muy similar se obtiene al hacer lo propio con la corteza motora, la encargada de controlar el movimiento corporal. Bien. Una vez presentado el homúnculo ya estamos en disposición de hablar de miembros fantasma. Cuando una persona pierde el brazo izquierdo debido a una amputación, como le ocurrió al almirante inglés Nelson en el intento de tomar Santa Cruz de Tenerife en el siglo XVIII, podemos mirar este mapa cerebral y tratar de comprender por qué una persona puede sentir la extremidad, creer moverla o padecer dolor incluso veinticinco años después de su pérdida. Este desconcertante fenómeno, conocido como «miembro fantasma», sería equivalente a arrancar un brazo del homúnculo sensorial y observar qué pasa en la corteza somatosensorial y motora. Con la ayuda de un dispositivo de resonancia magnética en HD podemos comprobar cómo el brazo izquierdo continúa representado en el mapa de la corteza cerebral lo que significa que la mente sigue percibiendo la extremidad.

Aun siendo físicamente imposible recibir un estímulo interno o externo de un brazo que no existe, el cerebro se comporta como si la extremidad continuase ahí. Por decirlo de otro modo, al cerebro le importa tres pepinos la realidad mientras sigamos teniendo la inercia de usar el brazo. Ahora bien, cuando la persona asimila la pérdida y se acostumbra a apañárselas con una sola extremidad superior, las áreas cerebrales destinadas al brazo izquierdo son absorbidas por las áreas encargadas de sentir y mover el brazo derecho.[3] Este comportamiento neuronal es el vivo reflejo de una premisa conocida como «usar o tirar», que presentaremos en un abrir y cerrar de ojos.

Robin Williams y las alucinaciones

La ilusión es la tónica dominante en el cerebro. Miembros fantasma a un lado, cualquier imagen que podamos percibir es el resultado de nuestra imaginación, de procesos llevados a cabo en las profundidades del cerebro en los que participan todos y cada uno de los sentidos, lo que significa que las personas vemos un 0,01% con los ojos y el resto con los oídos, con el tacto y, sobre todo, con la memoria. Pongamos un tono más novelesco para contar una historia alucinante.

El teléfono del doctor Oliver Sacks, el verdadero protagonista de la película *Despertares* interpretada por Robin Williams, sonó a horas intempestivas. La enfermera de guardia describía con pelos y señales las visiones de Rosalee mientras Oliver ya se veía apretándose la corbata y caminando hacia su coche para ir a visitarla. A sus noventa y cinco años, Rosalee había empezado a tener alucinaciones de manera repentina. Veía nítidamente a gente vestida con atuendos orientales subiendo y bajando escaleras, a hombres con dientes enormes y deformes, y a caballos sujetos con un arnés obsesionados con retirar la nieve gelatinosa que cubría completamente un edificio de blanco. Lo más sorprendente del caso era que la mujer había perdido la vista debido a una degeneración macular diagnosticada cinco años atrás. Cuando Oliver llegó a la residencia donde trabajaba, realizó un examen exhaustivo y se encontró a una anciana completamente sana y lúcida, con un cerebro y una mente en perfecto estado. ¿Qué estaba ocurriendo en la mente de Rosalee?

El lóbulo temporal es la porción de cerebro que cubrimos al poner la palma de la mano sobre las orejas. Las neuronas de esta zona se encargan de integrar la información visual-auditiva con la memoria y las emociones para dar forma a la percepción de la realidad tal cual la conocemos. Existen más de cien tipos diferentes de neuronas y debemos tener presente que en cada parte del cerebro existe una agrupación de células genuina y característica. Dentro del lóbulo temporal, una agrupación de neuronas conocida como giro fusiforme se encarga del reconocimiento facial y corporal, y existe incluso una pequeña parte del mismo destinado al reconocimiento de dientes u orejas. Siguiendo la misma regla de tres, otras agrupaciones celulares se encargan de reconocer animales u objetos como puede ser un edificio. Si la edad llega a alterar el funcionamiento de alguna de estas zonas, como en el caso de Rosalee, puede dar lugar a un desfile de moda asiática, a hombres con dentadura deforme o a caballos quitanieves. Oliver llegó a la conclusión de que las alucinaciones de Rosalee eran debidas a la degeneración que padecía en la retina, conocida en el argot médico como síndrome de Charles Bonnet*.

El cerebro trata todo el tiempo de ofrecer un buen presente. Cuando el lóbulo temporal propone imágenes extrañas debido, por ejemplo, al deterioro visual fruto de la edad, el cerebro de Rosalee trata de dar sentido a esas imágenes y se las arregla para ofrecer un presente lo más coherente posible, eso sí, con menos acierto que Messi cuando viste la camiseta de Argentina. El sentido y la coherencia que vemos en todo lo que nos rodea, en todo lo que oímos, tocamos o sentimos no es real, se trata de una sensación generada por un cerebro que intenta desesperadamente ofrecer un presente apetecible.

---

* En la charla TED «¿Qué revelan las alucinaciones sobre nuestras mentes?», Oliver Sacks cuenta esta experiencia vivida en primera persona seis años antes de que el neurólogo falleciera.

La ventana del presente

El presente es una corriente integrada de percepción coherente. En cristiano: las personas vivimos en un continuo más o menos lógico del cual desconectamos para ir a dormir. La coherencia de las cosas, incluidas nuestras creencias acerca del sol o nuestras queridas opiniones acerca de política, de Enrique Iglesias o de nuestra pareja, son una sensación añadida por el cerebro y no una realidad. Una prueba contundente es que cada persona tenemos una opinión diferente acerca de la economía española o de Harrison Ford. Si esta opinión estuviera generada por la realidad, todas las personas deberíamos compartir la misma opinión acerca de la economía o de *Indiana Jones*. Sin embargo, no sucede así porque el cerebro de cada hombre y mujer transforma todo aquello que ve para que la vida tenga sentido para él y no para el vecino del quinto, dando lugar a tantos puntos de vista como individuos existen en la faz de la tierra. Ahora bien: ¿cómo se las apaña el organismo para montar el chiringuito de la percepción?

El proceso puede dividirse en cuatro etapas. La primera consiste en traducir los estímulos internos y externos a un lenguaje de señales electroquímicas que el cerebro pueda entender. De estos menesteres se encargan los sentidos y las neuronas, como ya hemos visto. A continuación, en diferentes áreas primarias de la corteza cerebral, un gorro de ducha de tres milímetros de grosor que todos llevamos puesto debajo del cráneo, se analizan las características básicas de los estímulos y se selecciona lo más interesante. En el caso de la visión hablaríamos del color, de la localización de los objetos en el espacio o de la dirección que estos toman. La tercera etapa de la percepción nos lleva a las áreas secundarias de la corteza cerebral, alias «de asociación», donde las percepciones toman significado. La mayoría de estos procesos son inconscientes para las personas, pero si alguien sufre un daño en las áreas de asociación podría ver a su pareja paseando por la calle y no saber que es su pareja, o saborear una anchoa sin ser capaz de reconocer qué está comiendo*.

---

* Esta pérdida de conexión se conoce como agnosia. En su libro *Cómo percibimos el mundo*, Ignacio Morgado habla de este tema despacito y con buena letra.

Recapitulemos. De momento hemos traducido los estímulos a un lenguaje que el cerebro puede comprender, hemos seleccionado lo más interesante, analizado sus características básicas y asociado aquello que vemos con una imagen mental procedente de la memoria para dotar a las cosas de significado, pero todavía no existe un continuo; nos falta condensar la percepción en un todo. En esto consiste la última etapa del proceso, en integrar la información para obtener una percepción continua de la realidad a la que llamamos comúnmente «presente».

Las personas normales y corrientes recitamos poemas, bailamos, vemos la televisión, discutimos, escuchamos música o recordamos a intervalos de tiempo. Estos intervalos son ventanas de tiempo de una duración determinada. ¿Y cuánto duran estas ventanas? Para averiguarlo podemos grabar en vídeo a hombres y mujeres de diferentes culturas recitando el mismo poema en catorce idiomas, como hizo el científico Ernst Pöppel, o analizar los movimientos corporales de bailarines en ciento cuatro escenas distintas.[4] Llegaremos a la misma conclusión miremos a donde miremos. Si estudiamos la percepción temporal, vemos ventanas de tres segundos; si analizamos el habla o el control de movimiento, encontramos ventanas de tres segundos.[5] Si atendemos a la visión, la audición o la memoria encontramos ventanas de tres segundos. El mismo patrón se repite en personas con lesiones cerebrales, niños autistas,[6, 7] chimpancés o primates.[8] Cuando el dedo señala tan descaradamente a algo por activa y por pasiva, solemos pensar que estamos frente a un mecanismo fundamental del cerebro porque, naveguemos por donde naveguemos, siempre llegamos a la misma orilla.

Esta imagen ilustra cómo el cerebro genera el presente a partir de la vastedad de información que llamamos realidad. Segmentamos la información en ventanas de tres segundos, la clasificamos, asociamos y alteramos en base a experiencias pasadas, integrándola para dar lugar a un continuo que conocemos como presente.

Percibimos la realidad en porciones de tiempo, de forma segmentada, dividiendo cualquier experiencia en ventanas de tres segundos. En este período, el organismo traduce los estímulos al lenguaje cerebral, analiza sus características básicas, se queda con lo novedoso e interesante, le da un significado, integra la ventana actual con la anterior para ofrecer la sensación de continuidad y proyecta el resultado en la ínsula para tomar conciencia de que somos nosotros quienes vivimos esto y no una *Barbie* o, de nuevo, el vecino del quinto.

La memoria y la regla de los tres segundos

«¡Bravo! ¡Clarísimo todo! Muy bonito. ¿Pero qué me importa a mí que percibamos la realidad de forma segmentada en ventanas de tres segundos?», puede pensar nuestro cerebro. En realidad nos importa y mucho. Este *modus operandi* hace posible que cada tres segundos exista la posibilidad de modificar cualquier aspecto de la realidad que percibimos. ¡¿Cómo?! ¿Aunque llevemos treinta años haciendo lo mismo? Sí. Neurológicamente hablando, el cerebro es capaz de noquear una costumbre en tan solo tres segundos. Vamos a la práctica. Supongamos que nos cruzamos con una persona desconocida exactamente durante tres segundos y nos enamoramos perdidamente de ella. Después desaparece. Es decir, la hemos visto venir, ha secuestrado nuestra atención, hemos recibido información acerca de sus andares, de su mirada y los estímulos de su fragancia durante tres segundos, nos ha hecho tilín y se ha esfumado. En ese lapso de tiempo ha acaparado nuestra ventana del presente y el organismo ha generado una percepción coherente de la realidad, mariposas en el estómago incluidas, basándose en la información recibida por los sentidos.

Sigamos un razonamiento lógico. Justo cuando la persona desaparece de nuestra ventana deberíamos pasar a experimentar otra cosa distinta de manera inmediata, una nueva realidad basada exclusivamente en la información actual de los sentidos. Sin embargo, esto no ocurre así en la práctica porque, aunque el presente sea un navegador web que se refresca cada tres segundos, seguimos pensando en esa persona durante más tiempo. A esa persistencia se la conoce como memoria, y es vital para la construcción de un presente apetecible. Metiendo la puntita de la nariz en el asunto (es más bien cosa del capítulo que viene), la memoria a corto plazo es la encargada de suavizar la transición entre ventanas haciendo de la percepción algo gradual, un flujo, algo continuo. En realidad, se trata de una transición tan trivial para el cerebro como la que hacemos entre dos clips de vídeo o entre dos diapositivas de Power Point, pero sin ella el presente solo sería una sucesión de saltos sensoriales y emocionales bruscos poco apetecible.

La duración de esta transición es proporcional al tiempo que nuestra atención sigue puesta en el misterioso desconocido. Al poner la atención en él (o en ella), estamos diciéndole al organismo que queremos seguir pensando en ese desconocido que ya no existe. ¿Y qué acostumbra a hacer cualquier organismo en ausencia de información? Pues se la inventa. Primero alarga la duración de la transición y después genera la percepción de la realidad apoyándose en la información procedente de la memoria. A fin de cuentas, es un apaño similar al desaguisado que el cerebro encuentra a la hora de construir la visión.

En el punto exacto de conexión entre la retina y el nervio óptico, sabemos que el ojo es incapaz de enviar información de una pequeña parte de la escena al cerebro puesto que no existen células capaces de transformar la luz en impulsos eléctricos. El resultado es un punto ciego. Para arreglar este desaguisado, recordemos que el cerebro echa un vistazo a la información de las células vecinas, da por supuesto que la información en el punto ciego será parecida, y se inventa lo necesario. En el caso de la memoria el organismo hace algo similar. El cerebro da por supuesto que las ventanas del presente sucesivas serán parecidas a sus predecesoras y genera una ilusión, demostrando que la veracidad no es importante para él. Durante el tiempo que la memoria llena de ilusiones la ventana del presente, el cerebro intercambia la información de los sentidos por una imaginación, por una imagen mental. Esta imagen mental hace que las personas vivamos constantemente nuestra interpretación individual de la realidad. En cierto modo, vivimos en los mundos de Yupi.

Tal y como descubriremos en los capítulos siguientes, aunque una experiencia pueda perdurar en el presente gracias a la memoria, no significa que la experiencia esté ocurriendo realmente. De hecho, solo tenemos la capacidad de recordar las cosas que pensamos y sentimos, no los hechos. Desde un punto de vista científico, los seres humanos tenemos la posibilidad de transformar cualquier aspecto de nuestra vida en un instante, cada tres segundos, pero no la vemos porque pensamos que la memoria, la persistencia en el presente de una información que no existe, es real. Darse cuenta de esto puede ayudar a muchas personas a reconectarse conscientemente con el proceso inteligente de la vida. Envasemos esta idea en una nueva premisa para llevarla en el bolso durante el día a día: «cada tres segundos existe la oportunidad de transformar la realidad que percibimos». La regla de los tres segundos no es algo místico o espiritual, proviene de la naturaleza misma del organismo. Tomar conciencia de ella nos permite convertir la percepción de la realidad (algo automático hasta ahora) en una elección consciente, devolviéndonos la libertad y el poder de decidir instante tras instante.

6

MI HIJO HA TENIDO UN ACCIDENTE CON LA MOTO (CREO)

Me ha pasado un camión por encima

Tenemos tiempo de sobra. Podemos desayunar con calma, tomar una ducha placentera, lavarnos los dientes con tanta paciencia que puede considerarse un masaje de encías y salir de casa con minutos suficientes para no caer en ningún atasco traicionero. La noche anterior le hemos quitado el polvo a nuestras habilidades matemáticas para contar ovejas, mientras la corteza cerebral imaginaba cómo sería el lugar o el ambiente con los compañeros. Por experiencia propia, y también gracias a curiosos experimentos, sabemos que cuanto más nos esforcemos en relajarnos o en dormir lo antes posible, más tardaremos en conseguirlo.[1, 2] Esta es la sensación de millones de personas en su primer día de trabajo. El segundo día será ligeramente distinto; el desayuno no transcurrirá con la misma calma, al tercero la ducha dejará de ser placentera, al cuarto sustituiremos el cepillado dental por un chicle de menta polar (se nota) y, en unas pocas semanas, llegaremos con la hora pegada al culo.

El primer día de trabajo siempre nos llueve un aluvión de información novedosa: nombres, cargos, programas informáticos que no hemos visto en la vida, claves, procedimientos, la localización de la máquina de café (imprescindible) o del despacho de dirección a donde acudiremos para pedir un aumento de sueldo. Entre tanta información novedosa, el primer día tenemos que preguntar hasta para encontrar el baño. A pesar de que las horas nos pasan volando, llegamos agotados a casa, como si nos hubiera pasado un camión por encima, con un cuaderno cuadriculado de anillas A5 en el que hemos escrito como posesos y que no queremos ni ver. Nos llevará semanas adaptarnos. ¿En qué consiste realmente esa adaptación?

Básicamente, adaptarse a un nuevo puesto de trabajo es convertir un entorno ajeno en familiar. ¿Y cómo se convierte un entorno ajeno en familiar? Generando y asociando imágenes mentales, pequeños recuerdos puntuales de todo aquello que necesitamos saber para desempeñar el trabajo correctamente. Sin estas imágenes cada día de trabajo sería como el primer día. En cada jornada tendrían que volver a explicarnos los detalles, anotaríamos lo mismo en la libreta una y otra vez, y preguntaríamos diariamente por la máquina de café al más puro estilo Adam Sandler y Drew Barrymore en *50 primeras citas*. Nadie se libraría de llegar cada día agotado a casa y la situación, desde un punto de vista energético, sería insostenible para cualquier organismo. Las imágenes mentales sirven para ahorrar energía.

Si traemos aquí la idea del cerebro universal, alguien puede pensar: «¿Y no es posible acceder al chollazo del conocimiento universal para aprender a toda velocidad cómo trabajar en el departamento de marketing de Amazon o sacarme sin esfuerzo un título de telecomunicaciones?» Desgraciadamente no funciona así. El cerebro universal es un espacio de conocimiento esencial accesible a cualquier persona sana que ofrece aptitudes innatas para el lenguaje, la empatía, la honestidad o la confianza, siempre y cuando contemos con los estímulos adecuados. Este proceso de adquisición se lleva a cabo sin ningún tipo de esfuerzo. Sobra y basta con vivir la vida. Pero, lamentablemente, el marketing o la ingeniería no figuran en la lista de conocimientos esenciales porque son conocimientos fabricados por el hombre para satisfacer unas necesidades concretas, incluso a veces nos inventamos necesidades para luego satisfacerlas (lo llaman negocio). Este conocimiento fabricado es el saber que se acredita con títulos o experiencia profesional que tanto valoramos actualmente, y es un proceso dirigido desde la razón.

En los primeros años de vida, el aprendizaje se alimenta de estímulos que despiertan el conocimiento esencial. Con la llegada de la madurez cerebral, sobre los veinte años de edad, se le da la vuelta a la tortilla. El 99% de las cosas que aprendemos pasa a ser conocimiento fabricado (instituto, universidad y un largo etcétera), accediendo a la fuente de conocimiento universal en contadas ocasiones. La fuerza de voluntad entra en escena y damos la bienvenida al «quien algo quiere, algo le cuesta», al sacrificio, al hincar los codos, al sudor y lágrimas. Por eso nos cuesta tanto aprender un idioma cuando somos adultos (estudiando gramáticas racionales y memorizando diccionarios), y por eso también nos cansamos tanto el primer día de trabajo. Definitivamente, las personas estamos hechas para vivir experiencias y no conceptos. El conocimiento del cerebro universal no ocupa espacio. Es innecesario fijarlo en el sistema nervioso, nos sobra y basta con un acceso directo para llegar a él siempre que un estímulo lo requiera. Por contra, el conocimiento fabricado es olvidadizo y hay que usarlo constantemente para no perderlo. Cada conocimiento fabricado es un puzle compuesto por miles de piezas a las que llamaremos imágenes mentales y requieren de un pegamento especial: la atención.

Las imágenes mentales y los bolsos de Louis Vuitton

Para entrar en el paraíso de las imágenes mentales, citaremos a dos grupos de estudiantes de primaria en el mirador del parque de atracciones del Tibidabo, donde llevaremos a cabo una clase de pintura muy especial. Un grupo vendrá desde muy lejos, concretamente desde Londres, mientras el otro reside en la misma Barcelona. A ambos les pedimos que pinten las vistas de la ciudad con exactamente el mismo material. El día es otoñal y soleado. Aunque pueda parecer de locos, una vez los pequeños artistas han retratado las vistas, es pan comido adivinar si el autor de cada pintura nació en Inglaterra o en España. ¿Y cómo podemos saber esto si nadie ha firmado la obra? Muy sencillo: atendiendo al color del cielo. Los niños ingleses pintan el cielo con tonos grises a pesar de que luce un sol de justicia y los estudiantes españoles lo han coloreado de azul.[3] En efecto, los estudiantes miraron el cielo pero no lo vieron realmente; vieron su imagen mental de cielo. Este es el origen de las diferencias y las discrepancias entre los seres humanos, sobre todo cuando ocurre de manera inconsciente, cuando no nos damos cuenta de que al mirar al cielo no estamos viendo el cielo, sino nuestra imagen mental de cielo. Tomar conciencia de esto puede ayudar a muchas personas a encontrarle sentido a la vida.

Vayamos por partes. El cielo es como es. Es el mismo para los dos grupos de estudiantes, pero unos lo perciben de color gris y otros azul, haciendo que sus realidades particulares sean diferentes aunque compartan la misma experiencia. Siempre que nos enfrentamos a algo conocido, sea un objeto, un evento, una persona o un lugar, el organismo cierra el grifo de los sentidos y nos planta delante de los ojos una imagen mental (ocurre lo mismo con el oído, el olfato, el gusto o en la sensaciones corporales). Esta es la estrategia elegida por la evolución para evitar que cada jornada laboral sea como el primer día, convirtiendo a nuestra mente en un bombo repleto de imágenes mentales. Cada vez que el cerebro encuentra un parecido entre personas, situaciones, lugares, animales o cosas, trata de simplificar el asunto asignando el mismo nombre a todas ellas e ignora las diferencias habidas y por haber, extrayendo una imagen mental del bombo de la memoria. Esta forma de proceder omite y deja en la cuneta los detalles, pero es enormemente eficiente si pretendemos ahorrar energía y no tener que comer treinta veces al día.

El cerebro funciona más o menos así: ¿un lugar con muchos árboles? Un bosque. ¿Una persona que hace reír? Un humorista. ¿Una estructura construida sobre un río? Un puente. Para diferenciar entre especies de árboles o Buenafuente y Charles Chaplin, haría falta crear una imagen mental individual para cada uno de ellos. En cierto modo, la percepción de la realidad es el resultado de un gigantesco entramado de imágenes mentales, imágenes dentro de imágenes, que van aumentando la precisión de la imagen mental final que construíamos acerca de las personas, lugares, animales o las cosas que conocemos. De todos modos, debemos asumir que una imagen mental tendrá siempre un error asociado, igual que una regla o una báscula, y puede ser tan garrafal que nos haga ver el cielo gris cuando en realidad es totalmente azul. No hay ninguna duda de que el cerebro deja de ver cuando cree saber. Además, cada imagen mental es tan exclusiva como un bolso de Louis Vuitton. El Tower Bridge, el Golden Gate, el Puente de Brooklyn o el Ponte Vecchio son puentes, obviamente, pero cada uno es de su padre y de su madre; unos de estilo victoriano, otros colgantes o medievales. Sin embargo les une un factor común: nos permiten sobrepasar un río sin mojarnos. Basta con pensar «puente» para que el bombo de la mente se ponga a girar, y en fracciones de segundo nos ofrezca una imagen mental. ¿Cómo es nuestro puente? ¿Es de piedra con forma de arco o tiene cables colgantes que sujetan la estructura? ¿El agua es azul o verde? ¿El cielo es azulado o con tonos grises? Tomémonos el tiempo necesario. Existen tantas imágenes mentales distintas como seres vivos. Cada imagen es individual, nuestra y de nadie más. Si tenemos el teléfono o el ordenador a mano, podemos escribir «dibujo puente» en el buscador de imágenes de Google y observar conscientemente los resultados encontrados como lo que son: imágenes mentales de otras personas. Relacionando unas imágenes con otras vamos dando forma a la percepción de la realidad, tal y como ha sucedido con la imagen del puente en la cual hemos puesto color y forma también al cielo, al agua, lo hemos representado de piedra o metal y hemos elegido entre una luna o un sol.

El poder de las imágenes mentales

Aunque en un principio el tinglado de las imágenes mentales no supone un gran problema a simple vista, es una de las principales fuentes de desconcierto para las personas. Un cerebro lineal puede pensar: «¿Qué más nos da que el cielo sea azul o gris? ¡El mundo seguirá girando y no hacemos daño a nadie!» Bueno, esto de que no haremos daño a nadie es una verdad a medias. Aunque es cierto que la mayor parte del daño nos lo hacemos a nosotros mismos, de una forma u otra termina repercutiendo en los demás. Imagina más de siete mil quinientos millones de personas viviendo la vida y pasando por alto que aquello que vemos no es real, sin ser conscientes de que todo lo que escuchamos, vemos o sentimos es una imagen mental construida por un cerebro para ahorrar energía. Podríamos entonces llegar a discutir por el color del cielo, podríamos ponernos como energúmenos por querer tener la razón, podríamos, yendo un poco más lejos, crear una imagen mental de éxito e iniciar una guerra para alcanzarlo.

Sin darnos cuenta, las personas asociamos a cada problema una causa distinta y damos por hecho que es así. Nos sentimos solos porque no tenemos pareja, desamparados porque nos han robado la cartera o nerviosos porque no tenemos dinero. Siempre parece haber un porqué. Sin embargo, la causa de todos nuestros problemas es todo el tiempo la misma: vivir sin ser conscientes de que vemos el mundo a través de imágenes mentales. Pasamos por alto el funcionamiento de nuestro organismo constantemente, ignorando la existencia de las imágenes, y por eso a veces tenemos la sensación de no entender nada, y vivimos desconcertados.

¡Venga, hombre! ¿En serio? ¿Tanto poder tienen sobre nosotros las imágenes mentales? Viajemos a septiembre de 2001. Muchos nos llevamos las manos a la cabeza cuando vimos el *American Lines 11* y el *United Airlines 175* estrellarse en las noticias del mediodía contra las Torres Gemelas. Estamos tan insensibilizados por culpa de Tom Cruise o Arnold Schwarzenegger que probablemente nos hizo falta repetir para nuestros adentros «esto es real, esto es real, esto es real» como mínimo tres veces. A partir de entonces y durante meses, el planeta entero solo tenía oídos para el World Trade Center, Nueva York, la Zona Cero, el yihadismo y Bin Laden. En aquel contexto caótico, alguien tuvo la brillante idea de estudiar el efecto del 11-S sobre la tensión arterial de los americanos que vivieron de primera mano la tragedia. Ese alguien fue Willian Gerin y su equipo, a quienes nos uniremos enseguida para llevar a cabo el experimento.

Para diseñar adecuadamente un estudio, el primer paso siempre consiste en seleccionar a los candidatos adecuados. Los participantes deben, además de haber vivido en primera persona los atentados, formar parte simultáneamente de otro ensayo clínico relacionado con la presión arterial iniciado, como mínimo, dos meses antes del 11 de septiembre. Así dispondremos de los datos de presión previos, tomaremos nosotros mismos los de después del suceso, y podremos comparar. Haciendo una búsqueda en las clínicas más cercanas (Nueva York, Chicago, Washington D. C. y Misisipi), encontramos unas 427 personas que cumplen con estos requisitos y aceptan participar en el estudio, con la suerte de que 101 de ellas tienen registros de su tensión desde un año antes del atentado.[4] Una vez hemos dado con los candidatos idóneos, el estudio es coser y cantar. Tan solo debemos hacer los registros de presión arterial durante los dos meses siguientes al atentado, hablar con ellos para saber cómo lo vivieron (es decir, para destapar su imagen mental), hacer un análisis estadístico (valor p por aquí, *alfa* por allá...) y dibujar una gráfica comparativa.

Llegados a este punto, los resultados hablan por sí solos: la presión arterial de las personas que vivieron los atentados del 11-S aumentó. Si bien no hemos descubierto las Américas, ¿por qué continuó elevada durante los meses posteriores? ¿Qué hace que la tensión de aquellas personas se mantenga por las nubes tiempo después del suceso? Aunque lo primero que puede venir a la cabeza es el estrés postraumático, la mayoría de los expertos señalan a los medios de comunicación como el autor de los hechos. En cada salón de casa, cocina o bar, un televisor volvía a emitir las imágenes y ofrecía testimonios dolorosos, manteniendo vivo el recuerdo, alimentando las imágenes mentales relacionadas con el atentado.[5]

A día de hoy sabemos que un recuerdo —un conjunto de imágenes mentales que apuntan al pasado— es más que suficiente para alterar nuestra tensión arterial, para poner el corazón a mil por hora, agitar la respiración y afectar al desarrollo del crecimiento, de la digestión, de la reproducción o de las defensas del organismo.[6] El poder de las imágenes mentales sobre nuestro organismo no parece tener límites.

Mi hijo ha tenido un accidente con la moto

Permitidme una batallita personal. Mientras escribo puedo verla en el reflejo de la pantalla, y es que mi madre ha venido a verme unos días. Está panza arriba, tumbada en la cama con su libro electrónico, leyendo una trilogía policiaca que jamás os recomendaré porque todo el tiempo asegura que es un tostón. De todos modos, la terminará. Ella es una de esas mujeres trabajadoras y testarudas que siempre comparten sus pensamientos en voz alta, y forman parte del gremio de madres que te quieren igual seas presidente del Gobierno o mendigo. Es una luchadora, una sufridora empedernida.

Mi familia y yo hemos vivido la mayor parte del tiempo en una casita de campo a las afueras de la ciudad por lo que, aunque no fuera santo de su devoción, la moto se convirtió en sinónimo de autonomía. Esto hacía que bastante a menudo, nada más abrir la puerta de casa, me encontrara con mi madre y su famoso: «Hijo mío, pensaba que habías tenido un accidente con la moto»*. Si nos colamos en el cerebro de mi madre, algo que podríamos hacer sin esfuerzo con un dispositivo de neuroimagen, vemos cómo la noticia de un accidente de tráfico en la televisión o el sonido de una ambulancia es el estímulo que despierta el pensamiento «mi hijo ha tenido un accidente con la moto».

Este pensamiento (una agrupación de imágenes mentales) llega hasta la parte más interna del encéfalo, hasta un lugar conocido como tálamo. El tálamo es el recepcionista del cerebro y, con mucha educación, se encarga de darle la bienvenida. Con cientos de miles de años de experiencia en el puesto, la primera reacción del tálamo es tratar de disuadir al pensamiento con las típicas excusas de «la amígdala se encuentra en una reunión» o «la corteza cerebral ha salido». Ahora bien, si el pensamiento insiste (es decir, si mi madre sostiene su atención sobre él), entonces el tálamo se ve obligado a realizar tres llamadas. En primer lugar, se pondrá en contacto con su amigo más antiguo y primitivo, el cerebro reptiliano (mesencéfalo y el tallo cerebral), que toca la campana de aviso poniendo a mi madre alerta. Nada más colgar, el tálamo marca la extensión de la amígdala, una artista excéntrica, que irá representando en su organismo la emoción proporcional a «mi hijo ha tenido un accidente con la moto» (obviamente no muy agradable). La última llamada es a la corteza cerebral, que representa el Servicio Nacional de Inteligencia de un país y suele proceder siempre de la misma manera:

---

* Esto es una pensación como una catedral, tal y como descubriremos dentro de unos capítulos.

revisa en la memoria otros recuerdos e imágenes mentales para tratar de tomar una decisión racional.[7]

A pesar de que mi madre esté intranquila, su organismo no accionará el estado de emergencia sin el consentimiento por escrito de la corteza cerebral. De este modo, si la corteza no ve motivos suficientes en el pensamiento «mi hijo ha tenido un accidente con la moto» para dar la alarma, el tálamo invita educadamente al pensamiento a marcharse por donde ha venido y cesa la emoción asociada. Pasamos a otra cosa. En cambio, si la corteza cerebral determina que hay indicios suficientes para preocuparse, entonces da su aprobación y el tálamo contacta con el hipotálamo, que emite por una vía especial del sistema nervioso una señal de alarma, activando la biología de la supervivencia*. Ahora sí, el corazón de mi madre se pone a mil por hora y su tensión arterial aumenta.

Dejando para otro momento los detalles acerca de los sistemas a largo plazo (crecimiento, digestión, reproducción o defensas), al cerebro de mi madre le ocurre exactamente lo mismo que a los participantes en el estudio del 11-S: un estímulo (televisión o ambulancia) despierta una secuencia concreta de imágenes mentales que eleva su tensión arterial. A decir verdad, y con esto nos anticipamos disimuladamente, entre un pensamiento y un recuerdo no hay mucha diferencia si eres un cerebro, pues un pensamiento es una asociación de imágenes mentales y un recuerdo es un pensamiento que apunta al pasado (una asociación de imágenes mentales a fin de cuentas).

La regla del problema único

El organismo funciona con premisas simples y universales. A pesar de todo, las personas somos capaces de discutir e iniciar un conflicto por el color del cielo, defendiendo nuestro argumento con uñas y dientes porque es lo que

---

* Esta vía especial se conoce como sistema nervioso simpático y hace uso de palomas mensajeras cerebrales (neuropéptidos o neurohormonas) para activar la respuesta al estrés. Por otro lado, y solo con la intención de criticar por criticar, el que puso nombre al hipotálamo no es ningún lumbreras si tenemos en cuenta que significa literalmente «debajo del tálamo».

realmente vemos en el campo mental. Nadie se lo está inventando, todos tenemos razón. Ahora bien, el origen del conflicto real es no ser conscientes de que aquello que vemos es nuestra imagen mental del cielo y no el cielo en sí mismo. No puede ser de otro modo si pensamos que el cielo está ahí fuera y es como es. La única forma de resolver cualquier conflicto es tomando conciencia del funcionamiento del organismo y de la mente. Dos personas que miran el cielo y son conscientes de que están viendo su imagen mental y no el cielo, raramente discutirán por tener la razón y llegarán a las manos. ¿Y por qué hacía esto el organismo? Para evitar que cada jornada sea como el primer día de trabajo, para ahorrar energía. Esto es universal y sucede con cualquier aspecto de la vida: con una cucaracha, una discusión de pareja o una guerra. ¡¿Con una guerra?! Sí. Tal vez podemos pensar que el origen de un conflicto armado se encuentra detrás de aspectos sociales, ideológicos, religiosos o políticos pero, a decir verdad, detrás de cada uno de esos aspectos hay personas que ven el mundo a través de imágenes mentales y toman decisiones en base a ellas sin darse cuenta. El origen de cualquier problema o conflicto que podamos tener es siempre el mismo.

Todas y cada una de las imágenes mentales que usamos en el día a día se construyen en la memoria. El siguiente paso lógico es adentrarnos en las catacumbas de la memoria y descubrir cómo se gestan las imágenes mentales, para llegar a entender cómo recordamos y pensamos. Una vez veamos los engranajes, como ya es costumbre, nos preguntaremos qué implicación tienen estas historias para el carnicero, la vendedora de seguros o Sting. Antes de continuar nuestro viaje, vamos a twittear lo aprendido en este capítulo acerca de las imágenes mentales en una regla que podamos recordar con facilidad. La regla del problema único dice así: el origen de cualquier problema es olvidar que estamos viendo una imagen mental y no la realidad #ciencia #cotidianidad #ellibroquetucerebronoquiereleer.

7
LA MEMORIA NO ES UNA CAJA FUERTE

Hasta el momento, nuestro viaje nos ha llevado a mirar el espacio que hay entre las estrellas, a reconocer nuestra pertenencia al proceso inteligente de la vida, a descubrir el presente cercano. Hemos visto disolverse delante de nuestros ojos el límite entre la vida y la no vida, nacer al *Homo honestus*, entrado en el cerebro universal, hemos aprendido que cada tres segundos tenemos la posibilidad de transformar nuestra vida y hemos tomado consciencia de las imágenes mentales. Pero todavía nos quedan muchas aventuras. En la segunda parte de nuestro viaje visitaremos las catacumbas de la memoria, el mundo de los pensamientos, los sistemas de atención humana y descubriremos una nueva forma de ver la felicidad que nada tiene que ver con el dinero, el amor o la salud, asequible para cualquier persona.

Ciudades y discos de Sabina

Comenzaremos esta andadura como nunca antes lo habíamos hecho: siendo los participantes de un estudio. La metodología es sencilla. Debemos contar con un ejemplar de *El libro que tu cerebro no quiere leer* y programar la cuenta atrás del teléfono móvil a diez segundos, o pedirle a alguien, nuestro asistente, que cuente diez segundos en el segundero de un reloj y nos avise cuando haya transcurrido el tiempo (como argumento para liarlo podemos asegurarle que no le robaremos más de un minuto de su tiempo y, además, aprenderá algo nuevo acerca de su cerebro). Durante este intervalo de tiempo debemos decir en voz alta el mayor número posible de ciudades sin importar si hemos tenido tiempo de visitarlas o no. En cuanto acabe este párrafo, encontraremos un espacio en blanco para llevar la cuenta haciendo un palito por cada ciudad nombrada (podemos llevar la cuenta nosotros o nuestro asistente). Tres, dos, uno... ¡Tiempo!

Número de ciudades:
Total:

Haciendo el recuento de ciudades (sumando el número de palitos y poniendo el resultado en *Total*) concluimos la primera parte del experimento. A continuación debemos repetir el mismo proceso pero con ligeras variaciones. En esta segunda parte no nos limitaremos a decir nombres de ciudades, sino que podremos nombrar cualquier palabra que nos venga a la mente siempre y cuando cumpla dos condiciones: uno, que no pertenezca a un mismo grupo (no vale decir colores, ciudades o presentadores de televisión) y, dos, que estén fuera de nuestro campo visual (si estás en una cafetería leyendo no vale decir: libro, plato, taza o camarero). ¡Dejemos volar la imaginación! El abanico de posibilidades es infinito. Digamos tantas palabras al azar como nos vengan a la mente. ¿Preparados? Cuenta atrás a 10 segundos. ¿Listos? ¡Ya!

Número de palabras aleatorias:
Total:

Palito va palito viene. ¡Tiempo! Ahora calculemos el número total de elementos aleatorios y analizaremos juntos los resultados. Sin importar las veces que repitamos el experimento con distintas personas, el número de ciudades supera con creces las palabras aleatorias. Un resultado habitual suele ser once ciudades contra seis palabras aleatorias en diez segundos. ¿Y eso por qué? Para encontrar la respuesta debemos convertirnos en impulso eléctrico y recorrer los procesos cerebrales que han intervenido durante el desarrollo del experimento. Una vez dentro, vemos cómo la intención de buscar una ciudad se traduce en un wasap que la corteza cerebral envía al área de Wernicke: «¡Buenas! ¿Qué tal todo? Necesito ciudades». Entonces el área de Carlos (Karl Wernicke) da el chivatazo a la memoria. Mirando en un monitor de neuroimagen vemos cómo la corteza visual y el giro angular aumentan su actividad antes de proponer «Moscú». Acto seguido, el área de Broca toma las riendas y tira de los hilos pertinentes (normalmente corteza motora) para que podamos mover los músculos de la garganta y la boca, generando el sonido correspondiente. Dado que las imágenes mentales se organizan por categorías (Moscú = ciudad) nos resulta pan comido encontrar ciudades en el campo mental. Ahora bien, si le pedimos al cerebro que encuentre palabras aleatorias, el área de Carlos le monta un pollo monumental a la memoria por torpe y lenta. Como hemos visto, al estar la memoria organizada por categorías (equipos de fútbol o discos de Sabina) el cerebro no sabe en qué categoría buscar porque no existe una categoría «aleatoria», y pierde mucho tiempo dando tumbos de un lado a otro buscando asociaciones sin éxito. El cerebro humano es un experto en el arte de asociar, es un «asociador» profesional.

Acabamos de experimentar en nuestras carnes el poder asociativo del cerebro. Para dar vida a un recuerdo o a un pensamiento, el organismo va asociando diferentes imágenes mentales y dotándolas de significado para después integrarlas en la ventana del presente. Reflexionemos por un momento. ¿Qué quiere decir «coche»? Coche significa vehículo, ruedas, volante y viajar. Si analizamos lo que ha ocurrido de forma automática en nuestra mente, nos daremos cuenta de que las personas definimos las imágenes mentales mediante otras imágenes mentales. Dicho de otro modo, el significado de una palabra (imagen mental) son otras palabras (imágenes mentales). Estirando del hilo de una imagen cualquiera, podemos descubrir las relaciones que hay detrás de cada una de ellas y dibujar un mapa de nuestro campo mental. Pero no pensemos que estas asociaciones son algo rígido y estático; las relaciones entre imágenes cambian constantemente con la experiencia y con el uso. En el argot cotidiano, cuando un conjunto de imágenes mentales se refiere a una situación pasada solemos hablar de recuerdo. Retuiteando esta idea: «un recuerdo es una asociación concreta de imágenes mentales que apuntan al pasado».

¿Qué había venido a hacer aquí?

El mundo de los recuerdos está repleto de «¿qué había venido a hacer aquí?», primeros amores y despedidas. Según la neurología, los mecanismos que el organismo utiliza para recordar un número de teléfono o para reconstruir nuestra primera cita son totalmente diferentes. La memoria a corto plazo es la que nos deja paralizados como un mono cegado por los faros de un coche cuando llegas a la cocina y no tienes la más remota idea de qué habías ido a buscar, mientras que la memoria a largo plazo se encarga de reconstruir cómo fue nuestra primera cita. La memoria a corto plazo tiene un tiempo de vida muy corto que va desde segundos hasta unos pocos minutos. Una persona sana es capaz de almacenar en su memoria a corto plazo alrededor de cinco unidades de información, es decir, puede leer con atención la secuencia O - I - M - P - O - S - M - N - S - R - E - H dos o tres veces, y recordar con los ojos cerrados las cuatro-seis primeras letras sin meter la pata.[1] ¡Probémoslo!

En el momento que leemos la secuencia de letras anterior la información llega por el nervio óptico al tálamo, el recepcionista del cerebro, en fracciones de segundo. Tras una charla relámpago, nuestro recepcionista detecta que esta información debe ser recordada y marca la extensión de los lóbulos sensoriales, los cuales evalúan la situación. Con su visto bueno, la información pasa a la corteza prefrontal (mano en la frente) donde entrará en el campo mental consciente. A este proceso nos gusta llamarlo memoria a corto plazo, y es una herramienta fundamental para llevar con éxito una receta a la cazuela, tomar apuntes o guardar un contacto en la agenda del teléfono*. Existen diversas formas de mejorar la memoria a corto plazo y

---

* Siendo frikis, cuando hacemos algo con la información de la memoria a corto plazo, como puede ser restar los pesos de dos ingredientes de cabeza, se considera memoria de trabajo.

poder recordar más unidades de información durante más tiempo. En este caso concreto, la forma más sencilla y efectiva pasa por convertir los símbolos en imágenes mentales más familiares y crear con ellas una historia (si es divertida será más efectiva). Transformando la O en una diana, la I en una flecha, la M en un comecocos o la P en un palo de golf, podemos recordar la secuencia de letras anterior con un «érase una vez una diana en la que impacta una flecha disparada por un comecocos con un palo de golf». Gracias a esta simple historia podemos recordar las cuatro primeras letras sin despeinarnos.

Ben Pridmore, un contable inglés que ha ganado repetidas veces el The World Memory Championship, es capaz de memorizar el orden de las cincuenta y dos cartas de una baraja distribuidas al azar en 24,68 segundos siguiendo este mismo método. Chafardeando en Wikipedia sus récords mundiales podemos ver el efecto de un aspecto primordial de la memoria con tan solo hacer un par de multiplicaciones y divisiones. Según los datos facilitados por la web, Ben es capaz de memorizar 930 dígitos en 5 minutos y 4.140 dígitos en 30 minutos, o retener el orden de 364 cartas en 10 minutos y 1.404 cartas en una hora. Estos datos, aparte de ser increíbles, esconden una característica fundamental de la memoria: tampoco funciona de manera lineal. ¿Previsible, no? Esto lo sabemos porque si Ben es capaz de retener 930 dígitos en 5 minutos, cabría esperar que fuera capaz de memorizar 930 por 6, es decir, 5.580 dígitos, en un período de tiempo de media hora (regla de tres al canto). Sin embargo «solo» es capaz de memorizar 4.140 dígitos*. ¿Por qué? Principalmente se debe a las manías de la atención. Como veremos más adelante, la atención es el pegamento que fija el aprendizaje, una herramienta imprescindible tanto para la memoria como para generar la percepción de la realidad, y se satura con relativa facilidad, lo cual hace descender el rendimiento general del cerebro.

De una cosa no hay duda: a cualquier cerebro le pirra asociar. Basta con ordenar la secuencia anterior de letras O - I - M - P - O - S - M - N - S - R - E - H de otro modo para recordar sin ningún tipo de esfuerzo sus doce dígitos.

---

* Ocurriría lo mismo si hubiésemos hecho los cálculos con las cartas. Desde una visión lineal del asunto, Ben debería retener 2.184 cartas y consiguió retener 1.404.

¿Estamos listos? H - O - M - E - R - S - I - M - P - S - O - N. En cuanto caigamos en la cuenta de que la secuencia está relacionada con el personaje amarillo más querido de la televisión, podremos recordar todos los caracteres sin problemas, incluso pegarnos el moco y recitarlos en orden inverso*. En ambos casos nos enfrentamos a los mismos símbolos, únicamente los hemos cambiado de sitio, pero este pequeño cambio tiene grandes efectos sobre la memoria. *Amazing!* (Como diría Punset). Nos estamos acercando sigilosamente al abismo de la memoria a largo plazo.

¿Quiénes somos?

Acabamos de conocer a alguien. En un santiamén la conversación se llena de anécdotas pasadas cuidadosamente seleccionadas o de proyecciones futuras. Empezamos hablando de dónde nacimos, pasamos de los estudios al trabajo, de las películas que más nos han gustado a la música de nuestros 40 Principales, para terminar compartiendo momentos felices y dolorosos, recientes o lejanos. Cuanto más conocemos a una persona, más cosas conoce de nuestro pasado. La confianza es proporcional a los detalles pasados que hemos compartido, hasta tal punto que cuanto más importante sea para nosotros, más cosas sabrá de nuestra vida pasada. Usamos el pasado para relacionarnos todo el tiempo. Queremos optar a un nuevo trabajo y debemos entregar un currículum donde consta aquello que estudiamos, los trabajos que hemos tenido, los cursos a los que hemos asistido (incluidos los de Office y Photoshop nivel básico que nunca hemos cursado), o las habilidades que adquirimos años atrás. Hasta cuando nos invitan a dar una conferencia nos presentan con un resumen de nuestro pasado. El ayer define quiénes somos. Todo este conjunto de recuerdos forman la memoria autobiográfica, un elemento imprescindible para construir una imagen mental de nosotros mismos y poder relacionarnos con normalidad en el mundo occidental.

---

* Al recitarlo en orden inverso volveríamos a hablar de memoria de trabajo ;).

Nuestra vida autobiográfica comienza alrededor de los dos años y medio de edad con la construcción de las primeras imágenes mentales. Alrededor de los cinco o seis años, la ínsula entra en juego para permitirnos ser conscientes de nosotros mismos y la memoria autobiográfica comienza a tomar protagonismo. Estamos en la época de los primeros atisbos de personalidad y se avecinan tiempos dominados por los pronombres posesivos. Nuestra historia personal comienza poco a poco a llenarse de capítulos dulces y amargos, mientras los mayores nos enseñan cuán importantes son los recuerdos a la hora de tomar decisiones, aprendiendo a relacionarnos y a definirnos en base a la memoria. A partir de los ocho años de edad, la memoria domina completamente nuestra vida hasta el punto de convertirse en la base del aprendizaje, el éxito académico y profesional. El pasado nos da sentido, nos dice quiénes somos a través de la memoria autobiográfica, nos permite hacer planes de futuro e, incluso, construir una idea acerca del mundo y de los demás. ¿Pero que ocurriría si la ciencia demuestra que la memoria no es una caja fuerte? ¿Quiénes somos si los recuerdos que usamos para definirnos como personas cambian con el tiempo?

innocenceproject.org

La ciencia ha demostrado la fragilidad de la memoria. Ya no hay marcha atrás. La evidencia llega hasta tal punto que diferentes tribunales de justicia de los Estados Unidos han rechazado testigos como prueba fehaciente en un juicio debido a los fallos garrafales de la memoria. Un abogado experimentado puede sembrar dudas, añadir nuevos detalles y distorsionar los recuerdos de un testigo. Teniendo en cuenta los cincuenta y dos estados americanos, se estima que el 75% de las personas encarceladas injustamente, lo están debido a fallos de la memoria*. Elizabeth Loftus, una profesora de la Universidad de California que podría montar una biblioteca con sus

---

* Este dato es de la organización Innocence Project.

más de veinte libros publicados y quinientos artículos científicos acerca de la falsa memoria, ha gritado a los cuatro vientos que existen actualmente alrededor de trescientos inocentes condenados injustamente por crímenes que no cometieron en los Estados Unidos. Sus argumentos han sido respaldados en diversas ocasiones por pruebas de ADN posteriores.

¿Cómo es posible que la memoria patine de esta manera en una situación tan delicada? A decir verdad patina precisamente porque se trata de una situación delicada. Imaginemos que las Fuerzas Armadas nos acaban de contratar para dirigir un interrogatorio simulado que formará parte del entrenamiento de jóvenes aspirantes. Los estudiantes serán interrogados como supuestos prisioneros de guerra y hemos recibido instrucciones de someterlos durante media hora al mayor estrés posible con el fin de sonsacarles información. Por increíble que parezca, a pesar de que los estudiantes han compartido treinta minutos con nosotros en la misma habitación y han podido ver nuestro rostro sin ningún impedimento, solo la mitad conseguirán identificarnos en una rueda de reconocimiento posterior.

Este estudio fue llevado a cabo en la vida real por la armada estadounidense con futuros aspirantes a marines.[2] En situaciones de mucho estrés el hipocampo, una estructura con forma de caballito de mar encargada de integrar los recuerdos, se desconecta temporalmente debido a la presencia de cortisol (la hormona del estrés), dando lugar a grandes lagunas. Sin hipocampo no hay integración de recuerdos y, sin integración de recuerdos en la ventana del presente, podemos equivocarnos estrepitosamente a la hora de identificar a una persona.

La memoria no es una caja fuerte

Nuestro viaje apenas acaba de comenzar y ya hemos sido testigos de los deslices de la memoria. Ahora bien, esos fallos no se limitan exclusivamente a situaciones estresantes. Para entender cómo funciona la memoria vamos a tomarnos la licencia de insertar una experiencia en nuestra vida que nunca ha ocurrido. Rebobinemos justo a la edad de catorce años y supongamos que en ese momento rellenamos un cuestionario con un popurrí de preguntas acerca del ambiente familiar, de nuestra orientación religiosa, acerca de cómo eran nuestras amistades o de nuestro equipo de fútbol favorito. Una vez completado el cuestionario regresamos al momento en que sostenemos este libro y, echando mano de los recuerdos, volvemos a responder el cuestionario en base a aquello que recordamos. ¿Cómo era el ambiente familiar y nuestras amistades cuando teníamos catorce años? ¿Cuál era nuestra orientación religiosa o equipo de fútbol favorito a los catorce? A bote pronto, las respuestas deberían ser casi idénticas salvo algún que otro lapsus sin importancia. ¿Cierto? Como podemos imaginar solo por el hecho de preguntar, no es así. Aquello que recordamos de nuestra adolescencia acerca de nuestra familia, amigos, incluso de nuestro equipo de fútbol favorito puede ser completamente falso. Asombroso. Esto nos deja dos opciones: o bien no fuimos honestos al rellenar el cuestionario cuando teníamos catorce años o bien la memoria se equivoca.

El experimento que hemos recreado fue llevado a cabo por Daniel Offer.[3] Los sesenta y siete participantes de su estudio contestaron un cuestionario en 1952, cuando tenían catorce años, y posteriormente se les pidió que volvieran a responder el mismo cuestionario treinta y cuatro años más tarde haciendo hincapié en que no debían contestar sobre su orientación religiosa, su equipo de fútbol favorito o la relación con sus padres en el momento actual (obviamente pueden cambiar con el tiempo), sino que las preguntas se referían a cuando tenían catorce años. De ese modo, a los participantes no les quedaba otra que echar mano de sus recuerdos para contestar a las preguntas. El descubrimiento de Daniel pone en tela de juicio una de las verdades más absolutas del mundo actual: la memoria es una caja fuerte. Revolucionario. Vivimos como si la memoria fuera una cámara fotográfica capaz de congelar instantes de nuestra vida. Sin embargo, no existe ningún experimento científico que apoye esta visión. Al contrario. La evidencia científica pone sobre la mesa que la memoria a largo plazo cambia con el tiempo. A cuántas personas seguimos rechazando por lo que nos hicieron en el pasado o cuántas decisiones tomamos diariamente basándonos en aquello que recordamos. Como mínimo, es para reflexionar.

¿A qué se deben los falsos recuerdos? Cuando hablamos de memoria a corto plazo, se supone que la información será usada en un presente cercano y el organismo opta por mantener temporalmente en las neuronas el recuerdo en forma eléctrica. Este recuerdo puede olvidarse, pero tiene pocas probabilidades de falsearse o cambiar. Ahora bien, si queremos que un recuerdo salte de la memoria a corto plazo a la memoria a largo plazo, la clave es la atención. Durante el aprendizaje se produce una transferencia de la información a recordar entre los sistemas atencionales y los ganglios basales (una agrupación de neuronas en el núcleo del cerebro). Esta transferencia de información consume tiempo y, cuanta más atención prestemos, más nítidas serán las imágenes mentales y más se integrarán con el entorno cerebral. Una vez completado el proceso de transferencia, la información llega al hipocampo, que se comporta como un carnicero que desmenuza los recuerdos y los codifica a nivel molecular. Aquí es donde se clasifican por categorías y donde se abre la puerta a los falsos recuerdos. La información se divide y se inserta en diferentes proteínas a lo largo y ancho de la anatomía cerebral, de manera que las emociones irán a parar a un lado (la amígdala), la información visual a otro (lóbulo occipital), las palabras a la otra punta del cerebro (lóbulo temporal) y así sucesivamente para las letras, las ciudades o los discos de Sabina. De este modo, los recuerdos se vuelven vulnerables a alteraciones del ambiente celular, a todo tipo de cambios epigenéticos y, además, por el simple hecho de recordarlos quedarán afectados inevitablemente por el ahora.

¿A qué neurona asigno este recuerdo?

Mirando el cerebro a través de un potente microscopio justo en el momento en que se forman los recuerdos a largo plazo, entenderemos que son incapaces de existir por sí solos. Sentado en primera fila vemos cómo el organismo no asigna un nuevo recuerdo a la primera neurona que pasa por ahí, sino que sigue ciertos patrones y reglas específicas. La proteína CREB es la reina de la memoria a largo plazo porque tiene la capacidad de regular la expresión de los genes encargados de la formación de los recuerdos, controlando qué recuerdos afectan a qué neuronas.[4]

Podemos resumir lo que sabemos hasta el momento acerca de la agrupación de recuerdos en tres reglas. La primera dice que una neurona con niveles altos de proteína CREB tiene más posibilidad de almacenar un recuerdo que otra neurona con niveles bajos de CREB. De hecho, un equipo de científicos de la Universidad de Toronto ha elegido a su antojo el grupo concreto de neuronas que almacena un nuevo recuerdo modificando genéticamente estas proteínas.[5] La segunda regla nos enseña que no existen recuerdos aislados, sino cadenas de recuerdos. Cada recuerdo se almacena conectado a una serie de recuerdos formando largas cadenas. Esto hace que queden entrelazados los unos con los otros y, cuando evocamos uno de ellos, automáticamente entra toda la cadena en el campo mental consciente. ¿Y con qué criterio se conectan? Siguen un criterio temporal que depende de cuándo se almacenan. Dos recuerdos comparten el mismo grupo de neuronas cuando se forman en un intervalo de tiempo próximo.

En la práctica, dos recuerdos generados el mismo día tienen más probabilidad de compartir grupos de neuronas que dos recuerdos almacenados en semanas diferentes. La regla tres nos indica que es posible romper la conexión entre dos o más recuerdos sin que los recuerdos individuales se vean afectados*. Como la mayoría de las personas de a pie no tenemos un laboratorio de optogenética en casa, ¿cómo podemos hacer si queremos romper la conexión entre dos o más recuerdos? Aplicando, como veremos muy pronto, la premisa de usar o tirar.

lE ecrebor moidfiac la readadli praa egnerar nu persenet apteecibel

Hemos llegado a un punto crucial. El objetivo del cerebro es ofrecer un presente apetecible, qué duda cabe, pero al mismo tiempo nos descoloca

---

* En el estudio llevado a cabo por un grupo de investigadores de la Universidad de Toyama con Kaoru Inokuchi a la cabeza, se introdujo un virus modificado genéticamente para controlar la activación de la proteína CREB mediante luz (optogenética).[6]

saber que todos los recuerdos que nos definen como individuos cambian con el tiempo. Tenemos una base, varios experimentos y una teoría. Los mecanismos neuronales que velan por un buen presente son capaces de eliminar el punto ciego generado por el nervio óptico en la retina, de sustituir la realidad por una imagen mental, de alterar un recuerdo, de modificar el orden de un título para ofrecernos un ahora con sentido, de imponer falsas sensaciones de felicidad e, incluso, olvidar ciertas experiencias. El primer paso es asimilar que el cerebro ha estado haciendo esto durante toda nuestra vida sin excepción. Puede que no estemos muy convencidos de los fallos de la memoria o de las constantes ilusiones creadas por el cerebro. Sin embargo, es completamente normal.

Cuando destapamos el pastel, el cerebro interpreta este descubrimiento como una amenaza y activa una serie de mecanismos que velan por la percepción de la realidad actual. Estos mecanismos neuronales defienden a capa y espada la realidad que vemos e inician una reacción en cadena de medidas que velan por el buen presente, volviéndonos reticentes y escépticos*. Podemos ver en acción estos mecanismos fácilmente. Leamos una historia cualquiera y expliquémosela a otra persona. Enseguida nos daremos cuenta de que hay una tendencia involuntaria que la modifica y patea el trasero de la objetividad; acortamos la historia y la hacemos más coherente con nuestra forma de ver el mundo (puede ayudarnos grabar la explicación y compararla con el relato original).[7] No es una cuestión de olvidar los detalles o salpimentar la historia, es un ejemplo de manipulación neuronal. Y lo más sorprendente es que todo ocurre de manera inconsciente con una falsa ilusión de objetividad creada por nuestro cerebro.

Paradójicamente, a pesar de que nuestro cerebro trata por todos los medios de ofrecernos un buen presente, ¿por qué se cuentan con los dedos de una mano las personas que disfrutan de una realidad apetecible durante mucho tiempo? En algún momento, todos hemos pensado que la vida es una lista interminable de problemas por resolver y cuando consigues solucionar

---

* Estos mecanismos de defensa, entre otros, son los que hacen que tu cerebro «no quiera» leer este libro.

uno de ellos, surge otro y luego otro, y otro. ¿Dónde está nuestro cerebro cuando lo necesitamos? Sentirse atrapado en un mar interminable de problemas no es muy apetecible que digamos. En ocasiones terminamos echándonos la culpa por no saber vivirlo, echamos la culpa a los demás de lo que sentimos o, directamente, echamos la culpa a la vida. Nos sentimos víctimas de la vida, y lo hacemos porque no somos conscientes de que vemos el mundo a través de imágenes mentales. Pese a todo, la buena noticia es que estamos empezando a tomar conciencia de ello. (Nunca olvidemos que las personas tratamos de hacerlo siempre lo mejor posible en cada situación de vida con los conocimientos acerca de nuestra mente y organismo que tenemos).

Para continuar nuestro camino debemos entrar de nuevo en la cotidianidad, en un mundo donde la presión evolutiva ha dejado de ser ejercida por la naturaleza y es ejercida por la sociedad, un mundo donde la rutina lleva la batuta, donde las personas estamos inmersas en horarios laborales cíclicos que se cuentan en semanas, meses, años; un mundo donde el tiempo es el movimiento originado por un hámster que hace girar una rueda. Solemos pisar las mismas calles, desempeñar el mismo trabajo, relacionarnos con la misma gente, navegar por las mismas páginas web y nuestros pensamientos rodean como buitres siempre las mismas cuestiones. Haciendo una y otra vez lo mismo difícilmente obtendremos resultados diferentes. La novedad no suele ser bien recibida, es un bien escaso, y el planeta está inmerso en una monotonía que nos hace vivir neuronalmente ausentes, haciendo de la vida una sucesión de imágenes mentales y recuerdos, donde el 99% de lo que sentimos y experimentamos proviene de la memoria. Vivimos la vida del cortar-pegar, del control C control V, una vida en la que la máxima aspiración es que el día de mañana sea similar a lo que hemos vivido hoy. Llamamos a esto estar tranquilos.

Scarlett Johansson y las hermanas Wachowski

Ante una situación nueva el organismo abre el grifo de los sentidos y genera la percepción de la realidad basándose en el presente porque no existe un recuerdo válido para vivir esa situación. Imaginemos que sin venir a cuento nos cruzamos con Scarlett Johansson de camino al trabajo. Ante una situación tan novedosa e impactante, el cerebro deja de percibir la realidad por medio de imágenes mentales y se conecta con los sentidos. Abrimos los ojos como platos, se nos ponen orejas de elfo y la atención, acostumbrada a juguetear todo el tiempo con los pensamientos, despierta rápidamente y se pega al presente. Los sistemas de aprendizaje calientan motores y se activan los mecanismos neuronales pertinentes para crear un recuerdo y asociarlo con otros ya existentes.

Lleguemos hasta el fondo del asunto. Estamos en la cola del cine a punto de entrar al estreno de la última película de las hermanas Wachowski. Como se trata de un supuesto, podemos incluir en el reparto a Scarlett o Johnny Depp si nos apetece y así nuestro cerebro tendrá una excusa para justificar por qué nos la hemos encontrado de camino al trabajo. De este modo, además de una situación novedosa, será impactante. A cada nueva experiencia el organismo puede ofrecerle un contrato fijo o temporal. Solo unos pocos elegidos firmarán un contrato fijo y llegarán a la memoria a largo plazo, mientras la mayoría de experiencias candidatas a recuerdo tendrán que conformarse con un contrato temporal e irán a parar a la memoria a corto plazo o, en el peor de los casos, serán directamente relegados al olvido. En España, al igual que ocurre con la memoria, un contrato fijo no es ninguna garantía. La relación se puede rescindir fácilmente si un recuerdo se usa con poca frecuencia, liquidando cuentas con una miseria de indemnización. De hecho, la memoria acostumbra a renovar la plantilla constantemente y todo aquello que no se usa se olvida.

Una sala de cine es un espacio controlado y optimizado para la vista, el oído y el olfato (palomitas). Hace dos capítulos vimos cómo, entre pitos y flautas, el cerebro recibe el 5% de toda la información que existe a nuestro alrededor y con estos datos genera la percepción de la realidad tal cual la conocemos. La gente sabemos mucho sobre la parte consciente de la realidad. Sin embargo, somos unos ignorantes cuando se trata de procesos inconscientes porque pasan desapercibidos en el campo mental a pesar de que consuman el 90% de los recursos cerebrales. Atender por un momento a la respiración puede ayudar a disipar cualquier duda conceptual sobre el mundo consciente e inconsciente. Las personas podemos decidir cuánta cantidad de aire tomamos y a qué velocidad movemos la masa de aire (por tanto es voluntario), pero no podemos decidir cuánto oxígeno se transfiere desde los alveolos hasta los glóbulos rojos, ni cuánto oxígeno intercambian los glóbulos con cada célula (es un proceso involuntario). ¡Probémoslo! Una persona sana no debe preocuparse de enviar más oxígeno a los músculos cuando hace ejercicio. La respiración se acelera por sí sola, el pulso cardiaco hace lo propio, y todo se dispone para ofrecer la cantidad idónea de oxígeno. En los procesos involuntarios como generar saliva, orina, estornudar o bostezar simplemente dejamos hacer, mientras que en los procesos mixtos como la respiración, pensar, recordar o memorizar podemos intervenir en pequeñas partes del proceso para regular cada aspecto particular. La atención es la herramienta que nos permite regular aquello que pensamos o recordamos.

Mientras estamos sentados en la butaca del cine viendo la película, la atención debe enfocar a la pantalla y a los diálogos si queremos enterarnos de algo. Con la atención puesta en las ofertas de palomitas del *popcorner* o en el incontrolable deseo de llegar a casa para seguir leyendo *El libro que tu cerebro no quiere leer*, no vamos a enterarnos de la película. La atención es clave para el aprendizaje y la formación de recuerdos. Una persona que prepara una oposición y debe recitar como un loro los artículos de la apasionante Constitución necesita concentrarse, y concentrarse significa poner su atención en el texto. La parte voluntaria de la atención nos permite ser selectivos y decidir dónde enfocarla en cada momento. Desde un punto de vista neuronal, cuando atendemos a algo concreto el resto del mundo desaparece. En la práctica, la atención tiene sus limitaciones. Somos alérgicos a la multitarea y funcionamos eligiendo un único aspecto de cada situación.

Gracias a la selectividad de la atención, las personas podemos abarcar aproximadamente el 10% de la información que recibe nuestro cerebro en un momento dado. El resto se esfuma, ¡*Sayonara, baby!* De este modo, descubrimos cómo la porción de realidad que usamos para fabricar un recuerdo es todavía más pequeña que la porción de realidad empleada para construir nuestra percepción. En números: si percibimos un 5% de lo que realmente ocurre en la sala y la atención solo nos permite quedarnos con un 10% de ese 5% de información percibida, quiere decir que somos realmente conscientes del 0,5% de lo que está ocurriendo en una situación de vida. El resto de información (el 99,5%) no lo tenemos en cuenta de forma consciente a la hora de percibir la realidad. Reflexionando acerca de la implicación de los procesos neuronales sobre la creación de memorias, llegamos a la conclusión de que la materia prima con la que construimos un recuerdo es del 0,5% de la información existente en la sala de cine.

Esto implica que el recuerdo más fiel que podemos llegar a tener alineándose todos los astros representa el 0,5% de la realidad o, dando la vuelta a la tortilla, el mejor recuerdo del mundo mundial será en un 99,5% falso. La imagen anterior puede ayudarnos a limar impurezas en la explicación. Supongamos que una hoja de papel representa toda la información conocida que existe en la sala de cine y, de esta hoja, nos quedamos con el 5% de información que somos capaces de captar a través de los sentidos (podemos coger un folio y seguir el proceso. Siempre impresiona más tocarlo y verlo con nuestros propios ojos que leerlo). En este 5% de información captada por los sentidos podemos encontrar la imagen del proyector, las voces, el sonido ambiental de la sala, las ganas de ir al baño y de comer palomitas (la sensación corporal). De este 5% de folio en blanco vamos a seleccionar a su vez el 10% que más nos interesa gracias a la atención. Leemos los subtítulos o nos fijamos en la expresión del protagonista, pero no estamos pendientes del acomodador o de si está haciendo manitas la pareja del asiento de atrás. Esto nos lleva a recortar el 5% del folio y luego el 10% del papel resultante, obteniendo un diminuto trozo de papel que apenas representa el 0,5% de la información existente realmente en la sala. Este trocito minúsculo es el punto de partida para fabricar un recuerdo. Con esta diminuta porción de realidad hemos creado el recuerdo de nuestro primer beso, del primer suspenso o de *Forrest Gump*.

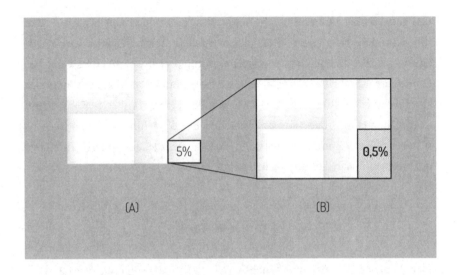

Hagamos un poco de origami. La hoja de papel representa toda la información que existe en una situación de vida. (A) En el mejor de los casos, los sentidos son capaces de captar el 5% de esa información. Para hacernos una idea aproximada de qué representa un 5% vamos a plegar la hoja por la mitad una vez (50%), dos veces (25%), tres veces (12,5%) y cuatro veces (6,25%). (B) Como la atención es selectiva, debemos calcular el 10% del trocito de papel resultante, así que plegaremos ese trocito por la mitad tres veces más. El minúsculo papel resultante representa la máxima información que podemos llegar a percibir en una situación de vida: un 0,5% de la realidad.

Nos encontramos en el preciso momento en el que el 0,5% de información de la sala llega al hipocampo para convertirse en recuerdo. El hipocampo es la estructura cerebral que hace de señorita de recursos humanos, encargada de entrevistar y seleccionar las experiencias que irán a parar a la memoria a largo plazo con un contrato fijo. Las primeras entrevistas consisten es detectar a los candidatos a recuerdos más originales, novedosos e impactantes. A pesar de lo que muchos podamos pensar, la novedad o el impacto no es una característica de las situaciones de vida, sino más bien de cada persona. La prueba está en que podemos llegar a convertir una situación de vida monótona y aburrida en novedosa, simplemente manteniendo una actitud abierta, honesta y humilde. El cerebro de una persona que cree saberlo todo echa mano de imágenes mentales con más facilidad y no alcanza a ver la realidad que hay detrás de esas imágenes. Serán densas y opacas. Conforme nos abrimos a aprender y a experimentar, las imágenes mentales se vuelven transparentes y cada situación de vida se convierte en una firme candidata a la novedad. Tomar conciencia de cómo funciona nuestro organismo nos lleva a poner en tela de juicio cada una de las imágenes mentales que vemos, favoreciendo una actitud de humildad y honestidad.

La mujer elefante

La película de las hermanas Wachowski está sentada en la sala de espera del hipocampo a punto de ser entrevistada. Por experiencia propia, sabemos que las personas de a pie no recordamos todos los detalles de una película ni tampoco el día y hora exacta que fuimos a verla seis meses después del estreno. Lo más probable es que ni nos acordemos del título. En su lugar, suele quedar en la memoria una idea muy general, una breve sinopsis explicada con nuestras palabras y sentida con nuestro cuerpo. ¿Y para qué se complica tanto la vida el cerebro? ¡Podríamos recordar cada detalle de la película sin más! Aunque pueda parecer una apreciación estúpida, en realidad no lo es tanto. Con la bata de científicos puesta podríamos teorizar que para recordar con pelos y señales cada segundo de los noventa minutos que dura la película necesitaríamos una memoria de elefante, y tendríamos que comer quince veces al día para hacer frente al elevado consumo energético. Sin embargo, existen personas con memoria de elefante que no se pasan el día delante del plato con el tenedor en la mano.

El cerebro de una persona con memoria de elefante sigue consumiendo unos veinte vatios. En términos de energía, no importa si tenemos una memoria normal o una supermemoria, algo sorprendente si olvidamos que la vida no es lineal. Si hay personas que tienen una supermemoria (evolutivamente es posible) y no consume más energía de lo normal, ¿entonces por qué no tenemos todos una supermemoria? Principalmente por dos motivos. Uno, tener una memoria prodigiosa hace que el cerebro pierda la capacidad de generar un presente apetecible porque no puede manipular los recuerdos a su antojo. El mundo que percibimos pierde coherencia y sentido. Dos, necesitaríamos el mismo tiempo que dura la experiencia original para recordarla. ¿Y se puede saber qué diantres hacemos mientras estamos noventa minutos volviendo a ver la película en nuestra mente?

La realidad quedaría totalmente eclipsada por el recuerdo y la probabilidad de ser atropellados por un coche mientras cruzamos la Gran Vía se dispara. Parecería que nos ha abducido un extraterrestre. Andaríamos absortos y con la mirada perdida. Además, la idea se volvería todavía más inviable si la teletransportamos a la época de nuestros antepasados. Mientras un grupo de *Homo sapiens sapiens* recuerda el festín de hace unos meses cocinando un mamut, se convierten en carne de cañón para cualquier depredador durante las próximas horas. Su atención está puesta en el recuerdo, en cada detalle registrado en la memoria, y otro mamut podría aprovechar la coyuntura para tomarse la revancha.

Existen personas capaces de dibujar con precisión milimétrica la panorámica de una ciudad tras observarla durante veinte minutos. Esta habilidad no solo está reservada a Dustin Hoffman en la película *Rain Man*, sino que es el caso real de Stephen Wiltshire, un autista con el síndrome del sabio capaz de «fotografiar» con la mente una ciudad y dibujarla posteriormente sin levantar la vista del papel*. Recientemente hemos podido estudiar el caso de una mujer estadounidense conocida por la literatura científica como J. P. capaz de recordar con sumo detalle cada acontecimiento de su vida desde los catorce años. Jill puede volver a escuchar conversaciones con su marido de cuando eran novios sin despeinarse, recordar la lista de la compra de un día cualquiera de hace quince años o acordarse del día que Magic Johnson anunció a los medios de comunicación que era portador del virus del sida (el 7 de noviembre de 1991). Una contrincante imbatible en el Trivial sin lugar a dudas. Aunque pueda parecer un don (nuestros argumentos tendrían siempre la razón,

---

* Sus obras originales pueden comprarse en su web por el módico precio de entre mil y quinientas mil libras.

algo que deseamos por encima de todas las cosas con nuestra pareja o podríamos usarlo para ganar el bote del *Pasapalabra*), J. P. padece fuertes depresio-
nes dado que su cerebro se encuentra con muchas dificultades a la hora de
construir un presente apetecible.

El cerebro de personas como Jill, a la luz de los escáneres cerebrales, no es
más especial que el de una persona con memoria olvidadiza y creativa como
la nuestra. Aunque presentan ligeras diferencias en la actividad de nueve regiones cerebrales, ninguna de ellas ha conseguido explicar en qué se basa la
supermemoria (de momento)*. De un modo u otro, Daniel Offer y otros
muchos investigadores hemos llegado a la conclusión de que el verdadero
sentido de la memoria no es recordar fielmente la realidad. Dado que los seres
humanos somos capaces biológica y neuronalmente de disponer de una memoria casi perfecta, como demuestra el caso de personas como Jill, llegamos
a la conclusión de que la supermemoria no es la opción más apta para el *Homo
honestus*, y simplemente por eso no ha sido elegida por la selección natural. La
posibilidad de tener una memoria de elefante está ahí pero, de algún modo,
no es la mejor opción para cumplir nuestro propósito en el proceso de la vida,
algo que puede resultar extraño desde una visión lineal.

Una interpretación de la realidad tratando de entenderse a sí misma

La presión evolutiva empuja al cerebro a hacer un resumen de las experiencias que vivimos. Es lo más conveniente. Ahora bien, la cuestión es cuánto
debemos resumir una experiencia a la hora de convertirla en un recuerdo.
¿Qué nos hace falta para averiguarlo? Un experimento. Vamos a citar al
mayor número de personas sanas en nuestro laboratorio y a pedirles que
traigan consigo la agenda. La metodología es sencilla: seleccionamos un
evento del participante (de hace seis meses), le pedimos que comparta su

---

* El neurobiólogo James McCaugh de la Universidad de California y Lawrence Patihis de la Universidad del Sur de Misisipi han estudiado este fenómeno conocido como hipertimesia.

recuerdo de ese día completo con el máximo nivel de detalle posible y ponemos el cronómetro en marcha. Descartaremos cualquier acontecimiento personal para evitar que los participantes escondan información privada y se vea afectada la duración del recuerdo. Repetimos el mismo proceso con el mayor número de días y con el mayor número de participantes posible.

Con los resultados en la mano veremos rápidamente un patrón: el recuerdo de un día completo tiene una duración media aproximada de veinte segundos. Los resultados insinúan que el cerebro de una persona que pasa despierta una media de dieciséis horas al día, resume estos 57.600 segundos en veinte. Pasando estas cifras a porcentajes podemos hacernos una idea de cuánto condensa el cerebro una experiencia al ser almacenada en la memoria. Como podemos observar con nuestros propios ojos, la criba de información es brutal. Un recuerdo acerca de un día normal de nuestra vida representa el 0,0034% de la experiencia real*. Además, para más inri, las personas no tenemos la capacidad de recordar aquello que vemos, oímos o sentimos, sino aquello que creemos ver, escuchar o sentir. Esto ocurre porque el recuerdo se forma desde nuestra interpretación de la realidad y no desde la realidad directamente.

Aclarado esto, sabemos que en el mejor de los casos la experiencia del día que fuimos al cine a ver el estreno de las Wachowski quedará resumida en veinte segundos seis meses después de la proyección. Estamos empezando a entrever cómo funciona la memoria. Dado que anteriormente hemos hablado en términos de información y realidad, sería interesante retomar el enfoque y volver a mirar el asunto desde la misma perspectiva. Abrochémonos el cinturón. Buscamos la respuesta a la pregunta: ¿cuánta información de la escena real queda en un recuerdo con seis meses de vida? Asumiendo cuánto se resume la experiencia de un día completo pasados seis meses (nos quedamos con un 0,0034% de información) y la cantidad de información del

---

* Este experimento fue diseñado y llevado a cabo por mí mismo. Soy consciente de que debemos reproducirlo y comprobarlo de distintas maneras (¡os animo a ello!), y además no determina cuánta información de los veinte segundos que recordamos es falsa. Por eso asumiremos, a sabiendas de que es una aproximación, que los veinte segundos que recordamos son totalmente fieles a la realidad.

134 EL LIBRO QUE TU CEREBRO NO QUIERE LEER

entorno que llega a la consciencia (0,5%), un recuerdo contiene menos del 0,1% de toda la información existente en la realidad. El 99,9% de los datos los hemos perdido o modificado por el camino. En la práctica, el recuerdo que guarda el motivo por el cual hemos cambiado de trabajo o el recuerdo de nuestro viaje al Caribe ha dejado el 99,9% de la realidad de lado. Puede que darse cuenta de esto ocasione un auténtico cortocircuito en nuestro mundo, pero este *shock* es inevitable y necesario. Las personas somos una percepción de la realidad tratando de comprender la realidad, es decir, una interpretación de la realidad tratando de entenderse a sí misma.

Lluvia de estrellas y el cambio de *look*

Hemos visto a los sentidos dejar de lado el 99,5% de la información existente en una situación de vida, a los recuerdos cambiar con el tiempo y a la memoria hacer un resumen sin miramientos, pero todavía no hemos dicho ni pío de las estrategias del organismo para modificar recuerdos. ¿Cómo son estos cambios y con qué criterio se llevan a cabo? Volvamos al hipocampo. Además de ser meticulosamente seleccionados, todos y cada uno de los candidatos a recuerdos asisten a un cursillo de formación antes de incorporarse al puesto de trabajo y entrar a formar parte de la memoria a largo plazo. No hay excepciones. Es así como el cerebro controla que ninguna manzana podrida entre en sus filas y asegura que los futuros recuerdos sean coherentes con la visión de vida de cada persona. A decir verdad, la memoria hace con una experiencia exactamente lo mismo que el equipo de maquillaje, peluquería y vestuario hacía con los concursantes en *Lluvia de estrellas*. En el programa televisivo, los participantes debían imitar tanto la voz como la imagen de un famoso. Bertín Osborne presentaba a los concursantes vestidos de calle y los hacía pasar por una puerta repleta de humo. Poco después, salían totalmente transformados entre aplausos del público. Lo mismo ocurre con todas las experiencias de vida. Se someten a un cambio de *look* siguiendo una lógica muy simple: o cambia el cerebro o cambia el recuerdo, o sea, o el recuerdo modifica físicamente las estructuras neuronales para

adaptar el cerebro a una nueva experiencia de vida, o las estructuras neuronales modifican el recuerdo para adaptarlo a nuestra forma actual de ver el
mundo. Las dos realidades no pueden coexistir.

Al final el hipocampo se las termina arreglando para transformar las
experiencias vividas antes de ser convertidas en recuerdos y mantener la
coherencia en nuestro mundo, evitando así que todo cuanto hemos construido se desmorone. ¿Y qué quiere decir «mantener la coherencia»? Cualquier cambio de *look* debe hacernos sentir que las experiencias corroboran
nuestra forma de ver el mundo. Por ejemplo, el cerebro de una persona que
ve un mundo injusto debe interpretar las nuevas experiencias de tal manera
que siga viendo un mundo injusto, de lo contrario corre el peligro de entrar
en un sinsentido, y esa persona difícilmente gozará de un presente apetecible. Por lo tanto, el cerebro no registra en la memoria lo ocurrido, sino
aquello que esperamos que ocurra. El resultado es completamente diferente. Aun cuando las estrategias para modificar un recuerdo pueden ser muy
diversas, todas ellas tienen muy en cuenta nuestras expectativas, hasta tal
punto que cualquier material registrado en la memoria a largo plazo será
coherente con nuestros planes de futuro. Por eso, cuando Daniel Offer re-
buscó en la memoria de los participantes de su estudio cuando tenían catorce y cuarenta y ocho años, encontró que sus cerebros habían modificado los
recuerdos acerca de su relación familiar o sus tendencias políticas. Sus planes de futuro habían cambiado con los años y sus cerebros trataron por todos los medios de mantener la coherencia entre el pasado y sus objetivos
futuros para ofrecer un presente coherente.

En una situación de vida cualquiera el hipocampo, con la inestimable
ayuda de la corteza cerebral, selecciona de aquello que vemos, sentimos o
escuchamos las cosas que ayudan a reafirmar nuestra forma de ver el mundo. ¿Y si no existe? Pues se lo inventa. Sigue la misma estrategia que con el
nervio óptico o con la estabilización de la imagen visual. Esta invención
pasa por reinterpretar la situación de vida de tal manera que sea coherente
con nuestros planes de futuro, proyectando nuestros pensamientos y emociones sobre los demás, haciendo que parezca lógico y razonable. El buen
presente tiene un alto precio. Sin duda, el pato lo paga la objetividad, y el

resultado es una imagen mental hecha a medida de nuestro mundo particular que sustituye la realidad y es coherente con nuestros objetivos personales. Estos mismos mecanismos, como veremos en el siguiente capítulo, darán vida a los pensamientos.

Las estrategias más peculiares para modificar experiencias se basan en atribuir a los demás nuestros propios pensamientos y sentimientos, en censurar o, directamente, hacer desaparecer acontecimientos dolorosos y conservar muchos más detalles positivos que negativos o neutros.[8] Para que nos entendamos, si pensamos que nuestro jefe es un imbécil nuestro cerebro va a tratar de reafirmar esa creencia para que todo tenga sentido, y cada acción que nuestro superior lleve a cabo será interpretada por el organismo de manera tal que reafirme nuestra idea «mi jefe es un imbécil». Todo aquello que sintamos deja automáticamente de proceder de la experiencia y nace de nuestra interpretación de la situación. Esa interpretación se convierte en la imagen mental que usaremos para relacionarnos con nuestro jefe una y otra vez, completamente ciegos a la realidad. El mismo mecanismo lo usamos con todas las personas, lugares, animales o cosas que conocemos.

El quid de la cuestión es darse cuenta de que estamos viendo el mundo a través del filtro de una imagen mental y, aunque tengamos la sensación de tener razón, no hay pruebas irrefutables de que nuestro jefe sea realmente un idiota. Tener razón es una sensación generada por los mecanismos de defensa de cada persona. Darse cuenta de esto es doloroso porque nos deja en paños menores, pero al mismo tiempo es liberador dado que señala al origen de todos nuestros problemas. Este conjunto de mecanismos neuronales de defensa que manipulan nuestra percepción de la realidad y dan lugar a nuestra interpretación particular de las cosas, es también conocido como ego. Ahora podemos ver con claridad el juego, y la estrecha relación que guarda con nuestros planes futuros.

Pese a que dedicaremos la última etapa de nuestro viaje a la felicidad, el contexto es ideal para empezar a hablar del tema. Existe un mecanismo de defensa estrella que consiste en alterar las experiencias vividas para recordarlas más felices de lo que realmente fueron. ¿Y para qué gasta energía un organismo en hacer esto? Esta estrategia presupone que recordar un pasado feliz aumenta la esperanza de alcanzar un futuro feliz, dando lugar a una imagen mental feliz de la vida, la cual representa el gran filtro que todas las personas llevamos puesto. Nuestra felicidad pasa a depender en exclusiva de esa imagen feliz. Puede que en algún momento nos hayamos llevado las manos a la nariz en busca de las gafas a través de las cuales creemos ver el mundo y no hayamos encontrado nada. Ante la falta de pruebas, nos hemos visto obligados a creer en nuestras percepciones e interpretaciones de la realidad. ¡Es lógico! El motivo es que el cerebro usa lentes de contacto.

Comprendiendo cómo funcionan los mecanismos de defensa, nos damos cuenta de que no son infalibles. Todos hemos vivido en algún momento de nuestra vida una pérdida de coherencia del presente. En situaciones donde nada tiene sentido, extremadamente intensas y dolorosas, el hipocampo puede perder esta capacidad de hacer felices los recuerdos, poniendo en jaque al buen presente. Sabemos que el estrés prolongado hace que entre en escena el cortisol, una hormona con la capacidad de desconectar al hipocampo pudiendo, incluso, llegar a dañarlo. Cuando esto ocurre, de repente las personas dejamos de ver un mundo con sentido y aparece la incomprensión, nos cuesta encontrar nuestro lugar en la sociedad, nos sentimos perdidos, confusos, solos. Perdemos la coherencia y, con ella, el sentido de vivir. Todos los mecanismos de defensa van fallando uno tras otro hasta producirse un fallo total. El mundo no tiene ni pies ni cabeza. Hemos descubierto el pastel.

Tendiendo a cero

A cada letra, a cada idea, a cada página de este libro le esperan dos destinos posibles: o bien el cerebro altera su información para hacerla coherente con nuestra forma actual de ver la vida o bien permitimos que estas páginas cambien la anatomía cerebral y nuestra forma de ver el mundo se transforme por completo. Hasta ahora, hemos hablado largo y tendido de lo que ocurre cuando el cerebro modifica las experiencias para preservar el buen presente, y cómo los mecanismos de defensa disimulan inventando excusas «lógicas» para oponerse a la transformación, pero no hemos dicho nada de cómo y cuándo se producen estos fogonazos neuronales que dan un giro de ciento ochenta grados a nuestro mundo. Pese a que estas experiencias reveladoras surgen a menudo en medio de etapas intensas y dolorosas donde los mecanismos de defensa han caído, no hay un patrón definido y en cada persona se manifiesta de forma diferente. La buena noticia es que existen factores comunes. Las experiencias reveladoras surgen siempre cuando bajamos los brazos y dejamos de buscar, en el preciso momento en que estamos más desapegados tanto de nuestro pasado como de nuestras expectativas futuras. Esta revelación está patrocinada por los sistemas neuronales involuntarios y sientan sus bases en la confianza.

Gracias a la neuroimagen podemos saber que las áreas cerebrales empleadas por los recuerdos (corteza dorsolateral prefrontal e hipocampo) son las mismas que dan lugar a nuestras expectativas, las mismas que proyectan el futuro[*]. Por este motivo, cuando eliminamos las expectativas, el cerebro deja de alterar los recuerdos y buscar coherencia, porque no existe una proyección futura que satisfacer. Sin expectativas, la memoria se queda sin una referencia para manipular recuerdos y pasa a ser un gasto de energía inútil, algo sin sentido que cae por su propio peso. ¿Significa esto que no debemos marcarnos objetivos? ¿Acaso debemos dejar de querer superarnos, ser mejores personas o mejorar nuestra calidad de vida? ¡No! De hecho, un objetivo puede llegar a ser un estímulo muy positivo que nos abra las puertas del cerebro universal. Significa, ni más ni menos, que debemos dejar de tomar decisiones de vida basándonos en recuerdos o proyecciones futuras. Definimos objetivos y generamos recuerdos, pero nuestra vida no gira en torno a ellos. Esto reduce al mínimo las expectativas y aumenta la confianza en la vida, algo fundamental para la felicidad.

El futuro no existe para el cerebro, es una proyección del pasado, y el pasado es a su vez una proyección distorsionada del presente. Si el pasado contiene un 0,1% de la verdad, ¿cuánta realidad puede tener el futuro si es una proyección del pasado? ¡Este trabalenguas tiende a cero! Cuando se habla de memoria o proyecciones futuras, la realidad tiende a cero. A nivel

---

[*] Estos hallazgos los firma Kathleen McDermott y su equipo de la Universidad de Washington.

práctico, esto quiere decir que no tiene sentido tomar una decisión de vida basándonos en el pasado o en el futuro, o lo que es lo mismo, no tiene sentido tomar decisiones fundamentadas en recuerdos y proyecciones. «¡Voy a aceptar esta oferta de trabajo porque seré más feliz!», «encontraré pareja si adelgazo unos kilos» o «no soporto a mi hermano por cómo se comportó durante los papeleos de la herencia». ¿Honestamente? Cualquier decisión que tomemos a partir de la memoria o desde los sistemas cerebrales de proyección pondrá delante de nuestros ojos una imagen mental y la realidad se verá filtrada.

Observa cómo los mecanismos de defensa saltan a las primeras de cambio. «Es lógico que si acepto el trabajo que siempre he soñado sea más feliz, o que si adelgazo encuentre novio más rápido porque gustaré más a los demás.» Los sistemas de defensa siempre quieren tener razón y se presentan de manera lógica, pero no por ello dejan de ser un mecanismo de defensa. Sabemos que está activa una estrategia de protección cuando no asumimos nuestra ignorancia, cuando creemos saber basándonos en el pasado o en el futuro. Ningún mecanismo de defensa nos va a proporcionar aquello que buscamos, como mucho puede ofrecernos la sensación de que todo tiene cierto sentido. Este es el origen del sufrimiento cotidiano, y es proporcional a la diferencia entre una imagen mental y el momento presente.

La clave está en seguir una lógica no lineal similar a la que rige la vida. En el día a día, podemos aplicar la regla de las veinticuatro horas (a partir de las veinticuatro horas nos alejamos del presente cercano y entramos en el terreno del futuro, donde la probabilidad de fallo se dispara) y recuperar nuestra condición de *Homo honestus*. La honestidad es la pértiga que nos permite saltar los mecanismos de defensa de la percepción que modifican los recuerdos en base a expectativas futuras, la honestidad es la única forma de quitarnos las lentillas y mirar al mundo sin una imagen mental que filtre la realidad.

Entonces, ¿debemos poner en entredicho y demostrar que todos los recuerdos o proyecciones que tengamos están equivocados? No. Si tratamos de hacer eso probablemente acabaremos en un psiquiátrico. Pondremos en entredicho los recuerdos y nuestros planes de futuro, sí, pero lo haremos de una forma muy elegante: aprendiendo a ver la imagen mental que hay detrás de cada experiencia de vida que nos genere emociones intensas. Hacer esto es reconocer abiertamente que somos conscientes de cómo funciona nuestro organismo, es dar la bienvenida a la honestidad y supone el único camino viable para vivir una vida sin filtros. Siempre que creamos saber o nos descubramos teniendo la razón, tenemos la oportunidad de detectar que está en marcha un mecanismo de defensa y podemos descubrir que no hay de qué defenderse.

De vuelta a la vida

Llegados a este punto es normal sentir confusión, incluso puede que no recordemos con claridad este capítulo dentro de pocos minutos. Todo va bien. Todo lo que hemos visto aquí confronta directamente nuestro sistema de defensa, nuestra percepción de la realidad y nuestro mundo, empujando al cerebro a perder la cordura que tanto se esfuerza en mantener. Esta «amenaza» activa los mecanismos de defensa de la realidad, los cuales tratarán por todos los medios de «arreglar» este desaguisado, dando lugar a una ligera confusión y desconcierto*. Muy probablemente, los mecanismos de defensa fuercen al cerebro a olvidar gran parte de lo aprendido a lo largo de este capítulo y de este libro, para evitar que la anatomía cerebral se vea afectada. Entonces debemos volver a los brazos de la honestidad.

Si seguimos este camino, nos daremos cuenta de que estos mecanismos solo pueden generar la sensación de retrasar ligeramente lo inevitable, pero es inevitable igual. ¿Y qué significa volver a los brazos de la honestidad? Significa tomar conciencia de cómo funciona nuestra mente y nuestro organismo usando nuestras propias experiencias cotidianas. No se trata de un ejercicio intelectual, de releer, cursar un máster y memorizar lo que pone en este libro. No sirve de nada. Una vez que este material caiga en manos de la memoria, nuestros mecanismos de defensa podrán modificarlo a pla-

---

* De nuevo, los mecanismos que hacen que tu cerebro «no quiera» leer este libro.

cer y nos veremos envueltos en una batalla intelectual. Ahí entra en escena la impotencia y el sufrimiento. Solo viendo reflejado en nuestro día a día todo lo que hemos descubierto en nuestro viaje, solo volviendo a descubrirlo por nosotros mismos, podremos transformar realmente el mundo que vemos. Compañero, esto es la vida: un descubrimiento protagonizado por nosotros mismos. ¡Bienvenido!

El séptimo sentido y la mujer de la limpieza

Antes de aprender cómo construye el organismo los pensamientos y con qué fin, vamos a tomar conciencia del papel fundamental del sueño en nuestra vida. Las entrevistas y procesos de selección de las experiencias candidatas a recuerdos dirigidos por el hipocampo tienen lugar mientras dormimos.[9] Este proceso es conocido como consolidación de la memoria y engloba todas las acciones necesarias para convertir una experiencia en recuerdo. Durante el día, el organismo va seleccionando los primeros candidatos a recuerdos, pero las entrevistas personales, los resúmenes y los cursillos de formación se realizan cuando nos vamos a dormir. Mientras estamos despiertos percibimos la realidad usando los cinco sentidos habituales, el sexto sentido que conforma la sensación de bienestar interna y el séptimo sentido: la memoria. Las experiencias se llenan de cadenas de imágenes mentales que modifican la respuesta de los órganos sensoriales y la percepción de la realidad, alterando el flujo de información que llega a la ventana del presente.

Una vez terminado el día, el sol se esconde y vamos a la cama. El organismo cierra el grifo de los sentidos a cal y canto, mientras el cerebro desconecta el sistema de movimiento para evitar que nuestra pareja reciba un sopapo mientras soñamos que tratamos de huir de una piedra gigante después de haber visto durante la cena a *Indiana Jones*. La consciencia desaparece. Durante el sueño, la percepción de la realidad se genera prácticamente con el contenido de la memoria y los nuevos candidatos a recuerdo. El escenario es perfecto para conectar memorias nuevas con antiguas, crear nuevas asociaciones entre imágenes, olores, sabores o emociones, y modificar experiencias vividas en base a nuestros planes de futuro. Todo apunta a que los sueños son la forma en que las personas presenciamos el resumen, las asociaciones y el cambio de *look* al que cada experiencia de vida es sometida por el hipocampo a la hora de convertirse en recuerdo. Es por eso que, si hemos visto *Indiana Jones* mientras cenábamos, puede que esa noche el proceso de consolidación de la memoria mezcle recuerdos existentes con piedras gigantes o templos malditos, creando el mundo onírico de los sueños.

Mientras dormimos, el organismo no se desconecta sino que empieza a funcionar de una forma completamente diferente. Descansar no es dejar de hacer, sino funcionar de una manera distinta a la habitual. La vida nunca descansa. Para hacernos una idea, los procesos químicos que se llevan a cabo en el organismo (lo que nos gusta llamar actividad metabólica) cambian durante la noche y su actividad global solo se reduce un 5-10% comparado a cuando estamos despiertos. Durante las horas de sueño el objetivo del cerebro se centra en consolidar la memoria y en hacer coherentes esos nuevos recuerdos con nuestras expectativas futuras. Además viene la mujer de la limpieza. De la misma forma que ocurre en una oficina, fregamos y quitamos el polvo en el momento de menos actividad. Es una cuestión de comodidad y eficiencia.

El cerebro genera más de dos mil cuatrocientos gramos de basura compuesta por proteínas muertas que han sido sustituidas por otras nuevas en el período de un año, una cifra sorprendente si tenemos en cuenta que nuestro cerebro pesa mil cuatrocientos gramos de media. El problema viene cuando estas proteínas pasan mucho tiempo dentro del organismo, porque terminan convirtiéndose en toxinas y pueden causar estragos, por lo que debemos evacuarlas lo más pronto posible. La mujer de la limpieza necesita aproximadamente tres horas para dejarnos como los chorros del oro, período que el organismo aprovecha para realizar paralelamente tareas de mantenimiento. Todo este tinglado fue descubierto en el 2012, cuando nos dimos cuenta de que el cerebro posee un sistema de canales específicos que sirven para transportar residuos hasta el exterior del cuerpo, el cual bautizamos como sistema glinfático.

8

CONSTRUYENDO PENSAMIENTOS

La película de la vida

Miremos atentamente la siguiente imagen:

Los circuitos de la atención han escaneado la imagen anterior de izquierda a derecha si vivimos en occidente, de arriba abajo si nacimos en oriente o de derecha a izquierda si somos hebreos; una costumbre heredada de la escritura. Nada más llegar la información al cerebro comienza la lluvia de opiniones. Unos ven a un hombrecillo disfrutando de un refrescante baño en la playa mientras que para otros está en peligro y necesita la ayuda de David Hasselhoff. ¿De qué depende pensar una cosa u otra? A la hora de generar un pensamiento, influyen principalmente cuatro aspectos: la genética, las experiencias pasadas, las proyecciones futuras y las condiciones presentes. Imagina que anoche vimos *Tiburón* en la tele o que estamos estudiando para ser socorrista. Estas experiencias aumentan sustancialmente la probabilidad de interpretar que nuestro amigo está en problemas. En cambio, si nos encontramos en una tumbona de playa mientras leemos este libro, probablemente nuestro cerebro pensará que está tomando un refrescante baño y disfrutando a lo loco de las vacaciones. Vivimos con el manos libres cerebral siempre activado. Hasta que termine el capítulo, el reto consiste en tomar conciencia de las historias que nos cuenta el cerebro, de sus mecanismos de actuación, y para ello es muy importante no tratar de cambiarlos, de lo contrario perdemos la oportunidad de aprender. Volvamos a ojear la imagen anterior y sigamos la línea discontinua, prestando especial atención a las historias que nos cuenta el cerebro. Tomémonos el tiempo necesario (no tardarán en aparecer).

Tras un fugaz análisis, vemos a un hombre desorientado que va en dirección contraria. Algo curioso ha pasado desapercibido. Para proponer un nuevo pensamiento el cerebro ha olvidado por completo el pensamiento anterior (el hombrecillo del mar), así que solo puede plantear una historia en cada momento. La pregunta del millón es: ¿y cómo sabe en base a qué tiene que montar la nueva historia? El cerebro dispone de una herramienta que nos permite seleccionar el foco del pensamiento, la atención. Esto confirma nuestras sospechas: pensar es un acto voluntario e involuntario al mismo tiempo. Aunque no lo parezca, estamos frente a un gran descubrimiento. Puede que no podamos elegir qué pensar, cierto, pero sí podemos elegir acerca de qué pensar.

Por ponerle ojos y boca: suponer que el muñeco se está bañando en el agua o ahogando, que el hombrecillo pasea desorientado o se rasca la cabeza, es cosa del cerebro. Por lo tanto, no tiene sentido que nos sintamos bien o mal por aquello que pensamos ya que es producto de una acción involuntaria. Sin embargo, decidir si queremos creernos ese pensamiento o pasar a otra cosa es algo personal, algo completamente voluntario, y depende únicamente de nosotros mismos porque no existe ningún mecanismo neuronal que nos guíe a la hora de decidir si queremos prestar atención al hombrecillo del mar o al despistado. Tomar conciencia de cómo somos y cómo funciona nuestro organismo nos hace libres, y la libertad es imprescindible para experimentar la felicidad.

Tratemos ahora de montar una historia conjunta entre el hombrecillo del mar y el despistado. Debido a las características de la atención, fijarnos en dos cosas al mismo tiempo es algo complicado. ¿Verdad? La mejor opción consiste en inventar una historia individual y luego dar forma a una conjunta. El proceso sería algo así: ponemos la atención en el hombrecillo del mar, esperamos unos pocos milisegundos a que el cerebro cree una historia. En ella, las redes neuronales han fabricado una imagen mental asociando una idea a una persona, lugar, animal o cosa. «Hombre aprendiendo a nadar.» Houston, tenemos historia. A continuación desviamos la atención al segundo elemento y esperamos. «Hombre desorientado.» Una vez que ambas historias se encuentran en el campo mental en forma de imágenes, podemos buscar asociaciones, parecidos, reflexionar sobre ellas y obtener un pensamiento conjunto con facilidad. Antes no. La acción de reflexionar o buscar conexiones entre dos pensamientos recibe el nombre de «razonar» y se lleva a cabo principalmente en la corteza dorsolateral prefrontal.

Continuando el recorrido por la línea discontinua encontramos una parejita. De nuevo, cada cerebro construye sus propios pensamientos atendiendo a eventos que nos han marcado en el pasado, objetivos futuros y al momento presente. Pensamos «qué monos, seguro que se acaban de conocer», «no sabes lo que te espera, chaval» o «él no la quiere tanto como ella» dependiendo de si nos acabamos de divorciar, estamos solteros o buscamos pareja. La clave está en darse cuenta de que, por mucho que nos esforcemos y defendamos nuestros pensamientos a capa y espada, ninguna historia es más real, más lógica o tiene más razón que otra. Nuestros pensamientos siempre parecen coherentes con el mundo que vemos, pero no tienen por qué ceñirse a la realidad. De hecho, la pareja, el despistado y el náufrago no existen, son una invención mental, tinta en un papel puesta ahí por Laura (la diseñadora) a modo de anzuelo. ¡Este es el quid de la cuestión! Debemos asumir que cualquier historia propuesta por el cerebro es una ilusión, una mera interpretación personal basada en nuestro mundo, la cual hace *bullying* constantemente a la realidad. ¿Cuánto? ¡Tenemos cifras!

Un pensamiento es una propuesta neuronal generada por el módulo intérprete (en el hemisferio izquierdo cerebral) para vivir una situación de vida que deja el 99,9% de la realidad de lado. Seamos honestos. Nuestra materia gris ha convertido dos rectas y un círculo en un hombre (si tiene forma triangular en mujer), una línea ondulada en agua y unas rayas discontinuas en un camino sin ni siquiera pedirnos permiso. Lo ha hecho compulsiva e inconscientemente. Tomar conciencia de esto es vital para entender cómo somos. Solamente subestimando el poder asociativo del cerebro podemos llegar a atribuir nuestros propios pensamientos a los demás, llegando a asegurar que «ya sé por dónde me va a salir» o que «está tratando de hacerme pagar por lo que le hice ayer» (de esto se encarga la corteza parietal medial y la corteza prefrontal medial). Siguiendo por estos derroteros, es fácil terminar confundiendo las historias que nos cuenta el cerebro con la realidad, pasando desapercibido que cualquier pensamiento es en un 99,9% falso. Esta es la historia en versión resumida de cómo una relación de pareja termina convirtiéndose en una lucha de cerebros, confrontando el objetivo individual de cada uno.

Las personas vivimos enamoradas de las historias que nos cuentan los sesos porque creemos que representan la forma más acertada de ver la realidad. Solemos llamar a este cóctel «opiniones» y consiste, de nuevo, en asociar ideas a experiencias, personas, lugares, animales o cosas. Cada vez que discutimos con nuestra pareja y tratamos de hacerle «entrar en razón», en realidad estamos intentando que deje a un lado sus ideas y acepte que nuestra historia es más acertada y coherente. Básicamente, hacemos esto porque pensamos que nuestra opinión es mejor que la suya (aunque nos cueste horrores reconocerlo). Ahora bien, como ella también está enamorada de las historias que le cuenta su cerebro, difícilmente accederá. ¿Por qué? Muy simple. El objetivo del cerebro es ofrecer un presente apetecible, y cuando un cerebro trata de imponer sus historias a otro, en cierto modo le está pidiendo que reconozca abiertamente que su presente no es apetecible, algo muy poco probable. Este sentimiento de superioridad neuronal conocido como «orgullo», empuja a las dos personas a una discusión cíclica, dolorosa y sin sentido. Olvidar que cualquier pensamiento es en un 99,9% falso, y como consecuencia tratar de imponer nuestro presente apetecible a los demás, se traduce en querer tener siempre la razón.

Del dibujo inicial tan solo nos queda el hombrecillo sentado sobre lo que seguramente el cerebro interpreta como una meta. La finalidad del monigote es recordarnos la importancia de la ínsula en nuestro día a día. Por eso mira hacia nosotros, hacia fuera del papel, porque la ínsula es un espejo neuronal que nos permite ver el campo mental. ¿El campo qué? El campo mental. Cuando los físicos o los ingenieros estudiamos el campo gravitatorio lo hacemos a partir de sus efectos. En cristiano. Cuando soltamos el libro y somos testigos de cómo cae al suelo, creemos estar viendo la gravedad. No es cierto, estamos viendo sus efectos. La gravedad en sí misma es invisible y la representamos con una flecha o vector. Ocurre exactamente lo mismo en el campo mental. Las historias que nos cuenta el cerebro, la información visual, los sonidos, las emociones o un dolor de cabeza son los efectos del campo mental, pero no son la mente. Gracias a ellos interpretamos el mundo y tomamos consciencia de él*.

Lato luego existo

Sobra y basta con prestar atención a nuestra forma de hablar para descubrir que lo nuestro con el cerebro es una verdadera historia de amor. Tomemos dos pensamientos al azar: «pienso que eres muy pesado» y «he compuesto el nuevo éxito del verano». Tras un breve análisis sintáctico, en ambos casos

---

* De hecho, ver al libro caer (los efectos de la gravedad) también forma parte del campo mental. ;)

hemos usado la primera persona del singular (yo), dando a entender que somos nosotros quienes pensamos. Esto no es un truco lingüístico. La mayoría de las personas creemos a pies juntillas que somos nosotros quienes asociamos las ideas. Sin embargo, quien combina las imágenes mentales y las ideas, quien piensa, es nuestro cerebro. Esto puede sonar un poco raro al principio pero tiene todo el sentido del mundo. Cuando hablamos del corazón, mejor dicho, de temas cardiacos, usamos la tercera persona o el pronombre posesivo: «el corazón late a cincuenta pulsaciones por minuto» o «mi corazón late a cien pulsaciones por minuto». De un modo u otro, dejamos claro que no somos nosotros quienes latimos, sino el corazón, como si fuera una bicicleta o un cuadro de Ikea.

Ahora supongamos que un día nos despertamos por la mañana y hemos dejado de identificarnos con el cerebro y sus pensamientos para identificarnos con el corazón y sus latidos. Estamos convencidos de ser un corazón, vaya. Por lo tanto, creemos ser nosotros quienes latimos. ¿Cómo sería entonces nuestra vida? Para empezar, cambiaríamos automáticamente el «mi corazón late a sesenta pulsaciones por minuto» por «yo lato a sesenta pulsaciones por minuto». Hasta aquí nada chocante. Percibir el pulso cardiaco se convertiría en una prueba irrefutable de nuestra existencia y prestaríamos atención todo el tiempo a nuestras pulsaciones. «Lato luego existo», habría dicho el filósofo. Con un poco de práctica, la sensibilidad para detectar matices cardiacos se dispararía reestructurando la corteza somatosensorial, pasaríamos a generar imágenes mentales asociadas a diferentes tipos de latidos y les otorgaríamos superpoderes.

Las reglas sociales establecerían códigos básicos de comportamiento basados en patrones cardiacos. Un pulso apacible significa que la persona que tenemos delante nos cae bien. En cambio, si las revoluciones aumentan pasaría a ser non grata, o tendríamos la sensación de estar frente al amor de nuestra vida si tenemos palpitaciones agitadas e intensas. Tomaríamos decisiones en función del pulso y haríamos cola en la oficina de patentes para registrar patrones cardiacos. El automóvil o el wasap existirían igualmente, pero en lugar de «me ha mirado mal» diríamos «me ha latido mal». La moda estaría marcada por el rojo y seguiríamos comprando libros de autoayuda para modificar patrones cardiacos porque no nos gusta cómo son o cómo nos hacen sentir. El cerebro daría protagonismo al ritmo del corazón frente a la información de los sentidos para generar los pensamientos y, al mismo tiempo, estos patrones darían lugar a emociones.

En este contexto, entraría en juego la memoria y las sensaciones tal cual las conocemos. No sería tan diferente (de locos). Sin embargo, latir es dilatar y contraer el corazón contra la pared del pecho, algo que nosotros no hacemos a voluntad. Por lo tanto, nosotros no latimos y no tiene sentido tratar de cambiar nada. Latir es un acto involuntario que percibimos a través de los sentidos, es un efecto del corazón. Lo mismo ocurre con los pensamientos. Nosotros no asociamos las ideas a cosas, gestionamos la memoria o los mecanismos de defensa de la percepción de la realidad. Es nuestro organismo.

Introducción a la botánica mental

El cerebro es un agricultor con mono azul y sombrero de paja que se dedica a sembrar pensamientos, emociones y sensaciones en el campo mental. Las personas, por otro lado, recolectamos esos pensamientos y emociones para hacernos una idea del mundo y de quiénes somos. Todo funciona de la misma forma que cuando miramos el paisaje desde la ventana de un tren. Tal y como hemos descubierto con los monigotes de Laura, la atención únicamente puede estar en un solo punto cada vez; es imposible ver el árbol que bordea la orilla de las vías y al mismo tiempo la casa que hay en lo alto de la montaña. Tampoco somos conscientes de lo que se cuece bajo tierra. Vivimos ajenos a la micorriza (la internet de hongos), a las señales de peligro enviadas por las plantas avisando de la llegada de un depredador o a los millones de organismos microscópicos que dan vida al subsuelo.

A nivel neuronal ocurre algo muy parecido. Los árboles que vemos en la superficie del campo mental son agrupaciones de pensamientos relacionados entre sí por una serie de imágenes mentales comunes. Esos pensamientos pueden ser más o menos complejos, pudiendo convivir en un mismo árbol pensamientos flor, hoja, rama y pensamientos raíz. Los tres primeros se encuentran en la superficie, en la parte visible del campo mental, mientras que los pensamientos raíz viven bajo tierra, en el mundo inconsciente, y no podemos verlos. Vamos, que los pensamos pero no somos conscientes de que los estamos pensando.

Volviendo al mundo real, ese donde nos tiramos pedos y consumimos papel higiénico, surge la necesidad de una regla práctica, algo sencillo, que nos permita recordar que un pensamiento es solo una opción y no un hecho. La regla de la propuesta dice: «Un pensamiento es una propuesta del cerebro para vivir una situación de vida». Usarlo o no es una decisión personal. Cuando tratamos de poner en práctica cualquiera de las reglas que hemos ido descubriendo a lo largo de nuestro viaje, es frecuente que los mecanismos de defensa del buen presente salten como locos y surjan pensamientos del tipo «esto es muy difícil», «vaya gilipollez» o «no funcionará». Esos pensamientos también son propuestas. La pregunta es: ¿quiero que esta propuesta forme parte de mi realidad?

Aplicar con frecuencia una regla hace que la información contenida en ella se transfiera a los ganglios basales y tome forma de imagen mental. A partir de ese momento, la información contenida en la regla se ha infiltrado en el campo mental. Los pensamientos vienen y van, nacen y caen, distrayéndonos constantemente e impidiendo que podamos ver el bosque. Una regla es un jardinero experto capaz de podar un árbol y dejar al descubierto su pensamiento raíz. ¿Tenemos que hacer algo al respecto? De nuestra parte requiere práctica, confianza y honestidad. A nivel neuronal necesitamos exactamente lo mismo que cuando estudiamos inglés o aprendemos a tocar la guitarra. Nada más.

Heider y el triángulo camorrista

La necesidad de poner en práctica la regla de la propuesta lo antes posible quedó en evidencia durante una conferencia en Barcelona. Antes de continuar, veamos juntos un pequeño cortometraje de animación. La idea es observar con atención y tratar de descubrir qué está pasando realmente en el video*.

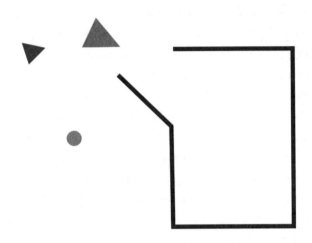

Comparto un *frame* del estudio original de Heider-Simmel por si os da pereza ir a www.daviddelrosario.com, hacer clic en «media», «vídeos» y vivir en vuestras carnes el experimento (altamente recomendable).

Esta animación está basada en un estudio realizado por los psicólogos Heider y Simmel en la década de los 40.[1] Por si no hemos podido acceder a ella, describiremos por encima sus fotogramas y daremos una posible interpretación. La composición es sencilla: un par de triángulos, un círculo y cinco líneas. Durante el cortometraje, las figuras interactúan entre sí, en un mundo plano de blancos y negros limitado por la resolución de la pantalla o proyector. A continuación, con algo de sal y pimienta, una transcripción de la historia contada por mi cerebro en manos libres mientras veíamos el cortometraje durante la citada conferencia.

---

* He colgado el corto en el apartado «media» «vídeos» de mi página web (www.daviddelrosario. com). El título es «Animación de Heider y Simmel». Podéis acceder a él desde cualquier teléfono móvil u ordenador.

«Ahí vemos un triángulo. Otro triángulo más pequeño y una bolita. Esas cinco líneas son una casa con su puerta. Todo está tranquilo, esos dos... ¿Se están peleando?... ¡Un momento! Aquí pasa algo raro... ¡Los dos triángulos son hombres peleándose por una bolita mujer! El triángulo grande se ha pasado unas cuantas horas en el gimnasio y se está aprovechando de su físico. ¡¿La está acosando?!... ¿Cómo? Ahora parece que el triángulo pequeño y la mujer están discutiendo. ¡No entiendo nada! ¿Acaso la bolita está siendo retenida por el triángulo más pequeño contra su voluntad? ¡Eso es! ¡He estado confundido desde el principio! ¡El malo de la película es en realidad el triángulo más chico y el forzudo está tratando de liberarla!»

Lo nuestro con los pensamientos es algo patológico. A mi cerebro no le importó lo más mínimo que aquella sala de conferencias estuviera repleta hasta la bandera. De hecho, irremediablemente, en cada butaca se había rodado una película distinta. Los cerebros tienden a humanizar todo lo que ven, atribuyendo capacidades humanas a cualquier cosa, sin importar que se trate de un triángulo, un círculo o una recta. El cerebro da por supuesto que los objetos hacen cosas de humano e inventa motivos humanos para justificarse. Estamos tan convencidos de que las cosas que pensamos provienen del exterior, de los triángulos y las personas, que defendemos estas historias con uñas y dientes. Sin embargo, esto no tiene sentido porque si la historia proviniese del triángulo o del círculo, todas las personas de aquella sala de conferencias deberíamos haber pensado lo mismo al ver la animación; y no fue así. Las historias nacen y mueren siempre en el cerebro. Cada sistema nervioso interpreta, asocia y da sentido a aquello que ve de manera individual, moldeando nuestro punto de vista sin importar que se trate de una persona o de la pata de una silla. Cualquier punto de vista también es una propuesta y, como tal, ninguna historia que pueda surgir de un cerebro (ni siquiera si proviene de los sesos de Einstein o Hawking) es más acertada que otra. De hecho, todas son en un 99,9% falsas.

El efecto de los seguidores y la sensación de «saber»

Uno de los mecanismos de defensa del buen presente más asombroso es el efecto de los seguidores. El módulo intérprete de cada persona plantea una historia coherente con su pasado, con su futuro, con su biología y su presente, y se lanza a la busca y captura de cerebros que vean el mundo como él. Así podrá dar más credibilidad a sus historias. Sin embargo, esto es absurdo porque por muchos seguidores que tenga, la naturaleza de un pensamiento sigue siendo la misma y esa historia será en un 99,9% falsa tenga cincuenta millones de seguidores o solo cuente con su abuela. Es solo una ilusión más. Ahora bien, los sistemas de defensa consiguen sembrar la duda, y esa duda impulsa a hombres y mujeres con pensamientos afines a asociarse, formando estructuras sociales. Un pensamiento es una posibilidad, no una realidad. Y lo más importante: no están diseñados para dirigir una vida. Una vida dirigida por una posibilidad se convierte en una lista interminable de problemas por resolver y hace de la felicidad algo puntual, donde la suerte es la mano que mece la cuna. Si miramos a nuestro alrededor y vemos a menudo un mundo similar a este, urge aplicar la regla de la propuesta. Pasar por alto que un pensamiento es tan solo una posibilidad y no un hecho, es el origen del sufrimiento para la mayoría de las personas sanas que tenemos las necesidades básicas cubiertas.

Al mismo tiempo el cerebro, en su afán por ofrecer un presente apetecible y coherente, genera una percepción de la realidad basada en la sensación de «saber» porque eso nos tranquiliza a corto plazo. Supongamos por un momento que desactivamos ese mecanismo de defensa que produce la sensación de saber. Entonces, en cada instante, debemos empezar de cero. ¿Cuántas personas estamos dispuestas a aceptar eso? De buenas a primeras, muy pocas. No importa que veamos la vida como una lista de problemas o que no seamos plenamente felices. Preferimos argumentar «la felicidad no existe» o «la vida es así» antes que abrirnos a aprender. Nos pongamos como nos pongamos, las personas que más aprenden son las que menos creen saber. Si a este *modus operandi* le sumamos la sensación de que los pensa-

mientos están generados por cosas externas, por un triángulo, un acontecimiento o una persona, podemos ver un autorretrato muy realista de los
seres humanos actuales. Creemos que lo que nos hace diferentes son las
cosas que pensamos, pero no es cierto. Lo único que nos diferencia a unos
y otros es el grado de credibilidad que damos a nuestros pensamientos.

El punto G

Nuestros pensamientos no solo hablan de muñecos o triángulos, sino también de personas. En menos de lo que dura un pestañeo, unos cien milisegundos, los sesos son capaces de hilar una historia acerca de un desconocido. Usain Bolt es un caracol de jardín comparado con un cerebro. Durante
ese período de tiempo, el giro fusiforme en el lóbulo temporal (detrás de las
orejas) analiza tanto los cuarenta y tres grupos musculares del rostro humano capaces de adoptar más de tres mil expresiones diferentes, como las características anatómicas de la persona (distancia entre ojos, tamaño de la
mandíbula, proporciones de las orejas, pómulos o la nariz). A continuación,
el lóbulo temporal añade un componente de familiaridad y coherencia, en-
marcando la historia en una coordenada espacio-tiempo. Por ejemplo, si el
portero del edificio tiene unas mandíbulas anchas y una distancia corta entre ojos, la mayoría de los cerebros interpretarán que no es de fiar aunque
tenga un corazón que no le cabe en el pecho. Esta imagen mental inicial es
la que usamos para relacionarnos con el portero (consciente o inconscientemente), y termina de perfilarse con información procedente del tono de la
voz, el olor corporal, la respiración, el ritmo del corazón o el grado de similitud*. Con el paso del tiempo, y conforme nos vamos relacionando más
con esa persona, la experiencia moldea los pensamientos y damos la bienvenida a la memoria y sus peculiaridades. (Por cierto, cuando nuestra atención va a parar a un triángulo o una bolita y no a un ser humano, el área

---

* Para construir sus historias, el cerebro lleva a cabo un proceso más complejo que un simple
reconocimiento de los músculos faciales.[2, 3] El módulo intérprete juega un papel primordial.

cerebral que pone la guinda al pensamiento se llama corteza visual primaria, la encargada de líneas y formas).

Todos los engranajes que intervienen en la cadena de producción de pensamientos ocurren al margen de la consciencia salvo el resultado. Esta cadena, cómo no, está supervisada de primera mano por los mecanismos de defensa de la percepción de la realidad. Si ponemos en práctica nuestros conocimientos sobre imágenes mentales, rápidamente llegaremos a la conclusión de que una historia contada por el cerebro es un 99,9% falsa o, dicho de otra manera, el pensamiento que hemos tenido acerca del portero del edificio tiene una probabilidad de acertar del 0,1%. Nunca olvidemos que la prioridad del organismo no es la verdad o la realidad, sino el buen presente. Darse cuenta de esto pone nuestra vida patas arriba, porque cambia la condición del pensamiento; pasa de ser un «hecho» a ser una simple propuesta para vivir una situación de vida. De nuevo volvemos a la regla de la propuesta, una regla que tiene la capacidad de descartar a Descartes. Si la frase del célebre filósofo «Pienso luego existo» es cierta, entonces los seres humanos no existimos ya que nosotros no pensamos, piensa el cerebro, y nosotros somos quienes decidimos usar (o no) ese pensamiento con ayuda de la atención. Mirando desde aquí, como mínimo, podemos decir que somos los directores de la atención.

Ahora bien, en el campo mental no solo encontramos pensamientos. ¿Qué otras cosas podemos percibir en él? Para descubrirlo, hagamos un pequeño experimento. Recordemos una situación al azar. ¿La tenemos? El acto de recordar es sinónimo de volver a construir un momento pasado con las estructuras cerebrales que tenemos ahora. Partiendo de aquí ya no puede ser igual como bien sabemos. Pero no importa. El objetivo del cerebro no es preservar la verdad, sino ofrecer un presente apetecible, y por eso cambia el pasado constantemente para hacerlo encajar con nuestras creencias actuales. La memoria episódica reconstruye la sensación de estar en otro lugar, la memoria semántica se encarga de mantener la coherencia del recuerdo con el mundo conocido (evita que salga lava de un grifo o que la piel de nuestro cuñado sea verde fosforito) y la memoria autobiográfica da coherencia a nuestra historia personal. ¿Pero de qué está hecho un recuerdo? Al reconstruir un recuerdo tratamos de reproducir los pensamientos, las emociones y las sensaciones corporales de aquel momento. ¡Eureka! Acabamos de encontrar lo que buscábamos. Los seres humanos nos relacionamos con el mundo a través del campo mental, y en él podemos encontrar pensamientos, emociones y sensaciones corporales. ¡Nunca perdamos de vista esto! A día de hoy, una persona no es capaz de recordar qué piensa el vecino del quinto, aquello que ocurrió a doscientos kilómetros de distancia del lugar donde nos encontramos o cuál fue la cantidad de radiación ultravioleta de aquel momento. ¿Por qué? Porque no forma parte del campo mental.

En la práctica, a un conjunto específico de pensamientos, emociones y sensaciones corporales solemos llamarlo experiencia. Estas experiencias forman recuerdos, los cuales definen nuestra personalidad y nos empujan a comportarnos de una determinada manera. Por eso el organismo activa el modo de comportamiento «suegra» cuando aparece la madre de nuestra pareja, acciona la palanca que pone «conferencia» cuando estamos en un auditorio repleto de personas mirándonos con atención, o hace sonar la voz de los hombres grave como una tuba cuando nos hace tilín una mujer. Existen tantos «nosotros», tantos modos de comportamiento, como combinaciones diferentes de pensamientos, emociones y sensaciones corporales podemos llegar a tener. Existen tantas personalidades como situaciones de vida. Y esto no significa que seamos falsos o malas personas. Si queremos ser nosotros mismos, primero debemos aceptar el modo de funcionar de nuestro organismo. La personalidad es una adaptación mental del presente hecha de creencias pasadas e intereses futuros. Sin pasado y futuro, la personalidad desaparece.

Dado que los pensamientos son propuestas del cerebro para vivir una situación de vida, y la personalidad está relacionada con los pensamientos pasados y futuros, la personalidad también es una propuesta, un punto de partida para relacionarnos con el mundo y no una imposición. ¡Un popurrí de pensamientos, sensaciones y emociones no nos define! La personalidad no nos define, lo que nos hace diferentes es la decisión individual de usarla o no. Es decir, el grado de credibilidad que las personas damos a los pensamientos, a las emociones y a la personalidad es la única diferencia real que existe entre nosotros. Todas las personalidades, todos los recuerdos y todos los pensamientos son falsos en un 99,9%. No es una cuestión genética o astrológica. Puede que la expresión genética determine en parte la tendencia natural de sentir o pensar una cosa y no otra, pero un cromosoma no tiene la capacidad de influir en la decisión de usar (o no) un pensamiento para vivir una situación de vida. Nosotros sí. Este es el punto G, la llave que nos abre las puertas a la libertad.

De los pensamientos a las emociones

Bajó del avión en el aeropuerto metropolitano de Columbia y tomó un taxi hasta las instalaciones de la Universidad del Sur de California. Tras aquella puerta se encontraba su última esperanza, el neurocientífico Antonio Damasio. Unos meses atrás, había sido intervenido de un tumor cerebral y, a pesar de recuperarse con éxito de la operación, perdió su trabajo como abogado, su pareja y su hogar. Había visitado a media docena de especialistas y todos llegaban a la misma conclusión: en su cerebro no había ninguna anomalía. Damasio procedió a repetir las exploraciones habituales (medir el cociente intelectual, la atención, la memoria, etc.) y, otra vez, todo transcurrió con normalidad.

Entonces, cuando trataban de ponerse de acuerdo sobre la próxima fecha de la consulta, el médico se dio cuenta de que su paciente era incapaz de tomar una decisión. Podía enumerar los pros y contras, exponer con claridad los motivos por los cuales podía venir o no a la cita, pero era incapaz de decidirse por una fecha concreta. Este punto fue clave. Tras una exploración más exhaustiva de su cerebro, Damasio descubrió que durante la intervención el cirujano se vio obligado a seccionar parte de la corteza prefrontal y la amígdala para poder extirpar el tumor, ocasionando una «desconexión» entre las emociones y los pensamientos. La corteza prefrontal es el área cerebral que nos permite ponernos manos a la obra (la parte ejecutiva), mientras que la amígdala se encarga de las emociones.

Al perder la capacidad de asociación entre pensamiento y emoción, podemos tener dificultades a la hora de tomar decisiones cotidianas, ya que el 80% de las elecciones de vida se fundamenta en las cosas que sentimos.[4]

Los pensamientos no van por un lado y las emociones por otro. Son uña y carne. Las personas sentimos lo que pensamos la mayor parte del tiempo. Conforme vayamos avanzando en el mundo de las emociones, descubriremos el importante papel de la atención, una herramienta capaz de regular la sinapsis entre los pensamientos y las emociones. Puede que el intérprete nos cuente cientos de historias, es cierto, pero no habrá rastro de una sola emoción asociada si no ponemos la atención en ellas. Este espectáculo se retransmite en directo desde el campo mental y lo podemos ver en nuestro televisor favorito: la ínsula.

9
PENSACIONES Y BOTÁNICA MENTAL

Da Vinci, Elvis y Don Simón

Continuando con esta tarea de conocernos, la siguiente etapa de nuestro viaje nos lleva a París, concretamente al museo del Louvre, el lugar perfecto para aprender un poquito más acerca de las emociones y las sensaciones corporales humanas. Su mirada es un misterio sin descifrar. Ni los propios artistas, que han estudiado durante mucho más tiempo la percepción visual que médicos o neurólogos, saben cómo la sonrisa de Mona Lisa puede esconder alegría y profunda tristeza al mismo tiempo. De pie, tras el cristal antibalas que protege la pintura, no queda otra que rendirse ante la magia de Da Vinci. Estar allí nos hace sentir especiales, únicos, es un auténtico privilegio que merece ser saboreado trazo a trazo. Sin tiempo, sin prisa. ¿De dónde proviene esa sensación tan especial? «¡Del cuadro! ¿De dónde si no?», propone nuestro cerebro.

Para comprobar si esta hipótesis neuronal es cierta, imaginemos que en medio de la degustación un trabajador del museo nos informa que la obra es una imitación. Este pequeño matiz altera por completo esas sensaciones tan exquisitas, hasta tal punto que el cerebro empezará a contarnos historias diametralmente opuestas. Como consecuencia, nos sentimos estafados y hacemos cola en atención al cliente del museo para que nos devuelvan el dinero. ¿Qué ha cambiado? El cuadro de la exposición es el mismo, igual de saboreable, pero los trazos que hace un segundo nos ponían la piel de gallina ahora nos provocan indignación. En realidad, lo único que ha cambiado es la idea que asociamos al cuadro y con ella nuestra imagen mental acerca del cuadro. Al cambiar esta imagen, la experiencia da un giro de ciento ochenta grados. Y la pregunta del millón es: ¿cómo puede ser que ante el mismo objeto podamos sentir dos cosas tan dispares? Esto ocurre porque el objeto no es el origen de las cosas que sentimos.

A esta misma conclusión podemos llegar de muchas maneras. Sostener en la mano un mechón de pelo de un desconocido puede resultar asqueroso, pero si ese cabello perteneció a Elvis Presley los seres humanos somos capaces de pagar más de cien mil dólares en una subasta cibernética*. Del mismo modo, algo inanimado como el precio puede cambiar por completo el sabor del vino. La corteza orbitofrontal es la agrupación de neuronas que se encarga de lo agradable. En un dispositivo de neuroimagen podemos ver cómo variando las etiquetas de los precios de las botellas convertimos un vino barato de tetrabrik (al más puro estilo Don Simón) en una auténtica delicia para el paladar. Sobra y basta con engañar a la corteza orbitofrontal haciéndole creer que vamos a llevarnos a la boca algo exquisito para que la experiencia cambie por completo.[1]

De Donald Trump a las pensaciones

Entrando en materia, todo cuanto ocurre en la corteza orbitofrontal, sistema nervioso y endocrino, puede resumirse en la regla del PLAC**. Las personas acostumbramos a clasificar las historias propuestas por el cerebro de manera inconsciente. Hablamos de creencias, proyecciones o recuerdos en función del contenido de la idea cuando, en realidad, siguen siendo pensamientos igualmente. Que tengan una categoría diferente o apunten hacia un punto temporal distinto no cambia su naturaleza. Desde esta perspecti-

---

* De estos menesteres sabe, y mucho, el profesor en psicología y ciencia cognitiva Paul Bloom de la Universidad de Yale.

** «PLAC» es el acrónimo de persona, lugar, animal o cosa.

va, un pensamiento es un conjunto de imágenes mentales que relaciona una persona, lugar, animal o cosa con una idea.

PENSAMIENTO = PLAC + **IDEA**

CREENCIA = PLAC + **IDEA CON CATEGORÍA DE HECHO**

RECUERDO = PLAC + **IDEA QUE APUNTA AL PASADO**

PROYECCIÓN = PLAC + **IDEA QUE APUNTA AL FUTURO**

Vayamos por partes como Jack el Destripador. Los seres humanos actuales tenemos el impulso de clasificar compulsivamente todo porque hemos asociado: *clasificar* igual a *saber*. Aunque resulta útil para generar rápidamente una imagen mental de las cosas y ahorrar toneladas de energía, esta asociación nos hace prisioneros de nuestra propia percepción individual de la realidad. Hablando en plata, nos hemos vuelto unos *ni-ni*. Hemos tomado por costumbre simplificar las cosas en imágenes mentales y aunque la realidad cambie, nuestra imagen mental queda firme como una roca (y con ella nuestra percepción de la realidad). Como ocurre con cualquier costumbre, pagamos el precio de la inconsciencia. Por eso nos cuesta tanto aprender. Ahora romperemos esa tendencia. Vamos a volver a mirar nuestros pensamientos sin convertir esta aventura en un entretenimiento intelectual. Echaremos un ojo, extraeremos la esencia, la incluiremos en una nueva regla e integraremos esta regla en nuestro día a día. Tomemos cuatro pensamientos y emociones al azar:

Donald Trump + está mal de la azotea = **Ira, rabia, miedo**

El McDonald's + me da diarrea = **Miedo, asco**

Tofu + es el gato más cariñoso del mundo = **Placer, alegría**

La Mona Lisa + es la monda lironda = **Interés, gratitud**

PLAC + IDEA ASOCIADA = **EMOCIÓN**

En cualquier pensamiento encontraremos continuamente una persona, lugar, animal o cosa asociada a una idea. Hagamos un experimento mental para ver esto más de cerca. Tratemos de poner la mente en blanco desviando la atención a nuestra sensación corporal. Cuando decimos «la mente en blanco» no nos referimos a poner el pause en la cadena de producción de pensamientos. Dado que no somos nosotros quienes pensamos sino el cerebro, no podemos dejar de pensar, del mismo modo que no podemos parar en seco el latido de nuestro corazón*. En resumen, tener la mente en blanco significa que el cerebro seguirá pensando cosas, como de costumbre, pero no le haremos caso. Entonces a «tengo que poner una lavadora» y a «esto es una pérdida de tiempo» no le prestaremos atención hasta que termine el apartado.

Dirijamos la atención al sexto sentido, a las sensaciones corporales generadas por el sistema nervioso que nos permiten detectar si todo va bien en el organismo. Por ponerle ojos y boca, el sudor, el dolor de espalda o saber si toca ir al baño son sensaciones corporales. Si todo está en orden, deberíamos sentir algo parecido al bienestar. En caso de no conseguirlo porque alguna emoción (sea felicidad, pena o rabia) toma el protagonismo, no nos pongamos apocalípticos. Solo es una emoción enredada**.[2] Permitamos que cualquier emoción siga con nosotros. Ahora pensemos «Donald Trump está mal de la azotea» y visualicemos la imagen del presidente de los Estados Unidos en pleno discurso electoral. Probablemente empezaremos a sentir cosas a algún nivel. Puede que no sepamos ponerle etiquetas como

---

* Aunque no he encontrado registros médicos de personas que detienen por completo los latidos del corazón o el flujo de pensamiento, existen formas de disminuir la frecuencia cardiaca voluntariamente, como por ejemplo mediante la respiración. Del mismo modo, también podemos reducir la cantidad de pensamientos por minuto mediante la regla de «usar y tirar» que veremos en próximos capítulos.

** Una emoción enredada es aquella que ha perdido la conexión con el pensamiento generador. Esto ocurre debido a un fallo en el hipocampo ocasionado por un exceso de cortisol, ocasionado principalmente por situaciones muy estresantes. Según Sonia Lupien, de la Universidad McGill de Montreal, las situaciones que más nos estresan son novedosas e inesperadas, aquellas que ponen en peligro nuestra personalidad o nos hacen perder el control de una situación que creíamos tener controlada. En consecuencia, pensamiento-emoción pueden disociarse y la emoción campa a sus anchas por el campo mental.

ira, rabia o miedo, o que sea una sensación muy sutil. No importa. Observemos. Eso que sentimos está asociado a Donald Trump. Si el cerebro propone «yo no siento nada» es el momento perfecto para descubrir que ese pensamiento proviene de un mecanismo de defensa que se opone a que sintamos. Todas las personas sin daños en el sistema nervioso tenemos la capacidad de sentir. Esa oposición a sentir tiene su origen en la creencia «aquello que sentimos viene de fuera» (del presidente electo en este caso). Al tratar de mantener la coherencia entre la realidad presente y esta creencia, un mecanismo de defensa de la percepción de la realidad trata de impedir que sintamos.

¿Qué ha ocurrido durante el experimento? Por un lado, hemos pedido al hipocampo y otros sistemas cerebrales que busquen en la memoria a largo plazo nuestra imagen de Donald Trump. Al mismo tiempo, hemos hecho visible voluntariamente la idea asociada escribiendo «está mal de la azotea». Al poner la atención en esta idea hemos sentido cosas. Si ahora dejamos ir ese pensamiento y visualizamos la Mona Lisa mientras pensamos «la Mona Lisa es la monda lironda», vemos cómo nuestras sensaciones corporales cambian. Ahora sentimos fascinación, interés o algo por el estilo. De este modo, vemos cómo cada pensamiento trae consigo emociones y sensaciones distintas.

Los pensamientos y las emociones van habitualmente cogidos de la mano como dos enamorados, y cuando uno asoma el morro en el campo mental, el otro siempre lo acompaña. Allá donde va uno, irá el otro. Para que esta relación jamás se nos olvide, vamos a llamar a los pensamientos «pensaciones» a partir de este momento. Las pensaciones suponen el 90% de los pensamientos de una persona normal a lo largo del día*.

---

* Este dato es orientativo. Lo calculé determinando cuántos de mis pensamientos corresponden a pensaciones en un intervalo de tiempo de diez minutos, ayudado por un programa informático diseñado por mí mismo que permite clasificar los tipos de pensamientos pulsando un botón. Después, extrapolé el resultado de forma lineal. Esta suposición de linealidad puede ser un problema porque nada en la vida es lineal como sabemos, aunque puede servir para hacernos una idea general. Con el agotamiento de la atención, las pensaciones suelen hacerse más frecuentes y este factor no se ha tenido tampoco en cuenta. Soy consciente de que habría que replicar el experimento con una muestra mayor para que esta cifra sea significativa. Así que tomémosla como orientativa.

La regla del PLAC

Aunque a bote pronto la mayoría de las personas tenemos claro que el origen de las emociones anteriores son Donald Trump y la Mona Lisa (son ellos los que despiertan miedo o interés), es una percepción errónea. Estamos diciendo que el organismo de Trump, con tan solo imaginarlo, está haciéndonos sentir rabia y miedo. ¿Cómo puede ser eso? ¿Existe una «acción fantasmagórica a distancia», un sistema oculto de comunicación que conecta a un desconocido mediante ondas desconocidas y nos hace sentir rabia o miedo? A día de hoy, no existe ningún experimento científico que demuestre esta hipótesis. Sin embargo, asumimos diariamente que aquello que sentimos viene producido por las personas, lugares, animales o cosas que nos rodean. Esto es una metedura de pata en toda regla. Puede que algún cerebro aventurero piense en el entrelazamiento cuántico para sostener que el origen de la emoción es el presidente de los Estados Unidos. De nuevo, con lo que sabemos a día de hoy, no es aplicable en este caso porque la física cuántica afecta a lo diminuto (Trump no es muy diminuto sino más bien panzón) y además deberíamos conocerlo en persona, es decir, haber compartido espacio-tiempo con él en algún momento de nuestra vida*.

Entonces, si la emoción no viene generada por la persona, lugar, animal o cosa, proviene de la idea asociada a esa persona, lugar, animal o cosa. ¡Bingo! No quedan más elementos en la ecuación.

Donald Trump **está mal de la azotea**

PLAC ***idea asociada (origen)***

---

* El entrelazamiento cuántico, del cual Einstein se mofó llamándolo acción fantasmagórica a distancia, y que he tratado de imitar sin mucha gracia, habla de un efecto físico que ocurre cuando dos partículas entran en contacto. A partir de ese momento quedan entrelazadas y cualquier medición que realicemos sobre una partícula influye en la otra aunque las separen kilómetros de distancia.[3]

Esta regla es aplicable a cualquier situación. Aquello que sentimos (ya sea ira, rabia o miedo) cuando prestamos atención al pensamiento «Trump está mal de la azotea» no viene dado por la persona, Trump en este caso, sino por la idea asociada a esa persona. Es decir, sentimos «está mal de la azotea». Aunque en un principio pueda parecernos raro, incluso irritante, esta visión del mundo terminará imponiéndose y haciéndose evidente para toda la humanidad. ¿Por qué? Porque es la forma de funcionar del organismo a día de hoy. El razonamiento es simple, lógico y aplastante: si lo que sentimos viene determinado por Donald Trump (como muchos hemos creído hasta ahora) todas las personas del planeta deberíamos sentir lo mismo acerca del presidente electo de los Estados Unidos. Sin embargo, hay más de 7.500 millones de sentimientos y emociones diferentes acerca de Trump, tantos como personas, porque el origen de aquello que sentimos no viene dado por la persona, lugar, animal o cosa sino por la idea que hemos asociado a ella*. Esta es la regla del PLAC y es aplicable siempre a cualquier situación de vida (siempre quiere decir siempre. ¿Y si...? Siempre. ¿Y si...? Siempre. Siempre). En forma de twit: «La regla del PLAC nos recuerda que aquello que sentimos viene generado por la idea asociada a una persona, lugar, animal o cosa».

Antes de continuar, pararemos en una estación de servicio mental para reflexionar fugazmente acerca de la repercusión de la regla del PLAC en nuestra historia personal. Si aquello que sentimos en el pasado siempre estuvo generado por nuestra idea asociada a las personas, lugares, animales o cosas, ¿cuántas veces hemos culpado a los demás o a las situaciones de vida por aquello que sentimos? ¿Cuántas veces hemos echado la culpa de nuestros sentimientos a un examen sin darnos cuenta de que, realmente, esas emociones provienen de todas las ideas en forma de consecuencias futuras que habíamos asociado al examen («nunca terminaré la carrera», «tendré que volver a estudiar», «no tendré vacaciones», etc.)? ¿Cuántas

---

* En esta web podréis consultar la población del planeta a tiempo real, incluso el número de personas que nacen y mueren a cada segundo (obviamente las que están censadas): http://poblacion.population.city/world/.

veces hemos echado la culpa a nuestra pareja por las cosas que nos dice o por las cosas que nos hace sentir? Revolucionario. Aunque la información que nos llega del exterior gracias a los sentidos puede influir en las historias que nos cuenta el cerebro, esta influencia es menor del 0,1%. Aun así, en todo momento, estamos tomando la decisión consciente o inconscientemente de usar esa propuesta cerebral. Esta decisión es la que da vida a la pensación.

Un prejuicio limita más que un gen

¿Qué pasa cuando pasamos por alto la regla del PLAC en nuestro día a día? Para hallar la respuesta vamos a rescatar a un viejo conocido. No sé si recordamos el juego de la confianza, donde un participante recibe diez euros y el dilema está en decidir si nos quedamos con el dinero o lo regalamos a un jugador desconocido, el cual recibirá treinta euros. Durante el estudio, la mayoría de los participantes donaron el dinero y su organismo se llenó de oxitocina y confianza, un proceso dirigido por un circuito neuronal que pasa por la amígdala, ciertas regiones del mesencéfalo y el cuerpo estriado dorsal.[4] ¿Lo tenemos? Bien. Repitamos ahora el mismo experimento con ligeras variaciones. En los formularios de registro pediremos a los participantes que completen una breve biografía de su vida y, antes de comenzar el juego, sustituiremos las biografías reales por unas ficticias. Nadie sospechará que hay gato encerrado. Sus cerebros pensarán: «he escrito una biografía y he recibido otra». Todo coherente. ¿Y qué conseguimos con esto? Incorporando la biografía falsa conseguimos que cada participante asocie una idea falsa conocida a otro jugador, creando una imagen mental controlada que le ayuda a establecer un umbral de confianza. De este modo, estudiar el efecto de las ideas asociadas en la confianza y en la toma de decisiones será coser y cantar. ¿Se darán cuenta los participantes del engaño? ¿Cuánto tiempo tardarán en hacerlo?

La paradoja está servida. Mientras la biografía del jugador 3 puede hablar de alguien bondadoso y al servicio del prójimo, casi una Teresa de

Calcuta que ha trabajado como voluntaria en África con diferentes ONG, a la hora de la verdad se comporta con codicia y egoísmo. Teóricamente debería producirse una incoherencia neuronal a algún nivel, porque idea asociada y comportamiento son agua y aceite. El jugador 3 recibe dinero pero no dona ni un céntimo. Entonces, en lugar de rectificar la imagen mental del jugador 3 y cambiar a Mari Tere por Jack Sparrow, piensa: «estará ahorrando para los pobres» o cosas por el estilo. Esta pensación sembrará tranquilidad, pero no deja de ser un intento desesperado del organismo por mantener la coherencia fruto de algún mecanismo de defensa.

Por sorprendente que parezca, la imagen mental inicial rara vez se rectifica. Es necesario experimentar una profunda decepción, recibir una buena tunda y varapalos varios, para plantearnos la posibilidad de cambiar de idea acerca del jugador 3. Esto puede comprobarse haciendo un seguimiento de la región encargada de realizar la corrección, el núcleo caudado en los ganglios basales. Esta maraña de células neuronales ni se inmuta. En el organismo tampoco hay rastro de aprendizaje por ningún lado. Neuronalmente, seguimos en nuestros trece viendo a María Teresa de Calcuta, todo amor, depositando nuestra confianza en el jugador 3 mientras se aprovecha de nosotros más que nuestro gestor del banco*.

El estudio habla alto y claro: nos relacionamos todo el tiempo con nuestras propias pensaciones. Así de simple. El cerebro asocia a personas, lugares, animales o cosas una idea, mientras los mecanismos de defensa de la percepción tratan de esconder estas asociaciones para que pasen desapercibidas. ¿Y qué consigue con ello? Mantener la ilusión de un presente coherente y con sentido. Esta es la historia de cómo nuestras pensaciones parecen provenir del comportamiento de los demás. Pero solo lo parece. Donamos todo el dinero al jugador 3 convencidos de estar haciendo lo correcto, cegados por una autobiografía falsa convertida en pensación, y cuando las cosas no salen como esperamos echamos la culpa a la vida o sacamos a la palestra la confianza y acusamos a los demás de abusar de

---

* Esta versión modificada del juego de la confianza se llevó a cabo por Elizabeth Phelps y su equipo en las instalaciones de la Universidad de Nueva York.

168 EL LIBRO QUE TU CEREBRO NO QUIERE LEER

ella. Cuando hablamos de confianza, nos referimos a la capacidad de fiar-
nos de nuestras imágenes mentales. «Me fío de ti» significa «me fío de mi
imagen mental de ti». Ahora bien, como resulta que las imágenes mentales son falsas en un 99,9%, la probabilidad de sentirnos decepcionados es
muy elevada. Plantear la confianza de este modo no tiene ningún sentido.
Confiar no tiene nada que ver con imágenes, es la capacidad de reconocer
nuestra pertenencia al proceso no lineal y autodirigido que llamamos
vida.

Un prejuicio limita más que un gen. Es una imagen mental, una idea
asociada, que nos encierra en una realidad individual, aislándonos del mundo y de la vida. Esta limitación ocurre a todos los niveles. Si creemos que un
cascanueces sirve únicamente para abrir nueces, difícilmente probaremos a
abrir con él una botella de cava, o si estamos convencidos de que fulanito es
un imbécil, nunca vamos a darnos cuenta de que estamos relacionándonos
con una imagen mental. Tomar conciencia de las limitaciones que supone
usar de forma automática ideas e imágenes nos devuelve la libertad y nos
permite reconocer nuestra pertenencia al proceso de la vida, abriendo las
puertas de la creatividad y de la genialidad humana. Descubrir en cada situación de vida que aquello que sentimos no viene generado por las personas, lugares, animales o cosas sino por las ideas que hemos asociado a ellas,
es llevar la regla del PLAC a lo cotidiano. A estas alturas, es la única barrera
que nos separa de la felicidad.

Simplificar las emociones

Paseando por el casco antiguo de cualquier ciudad terminamos en una tienda de antigüedades. Entre el género, nos topamos con una lámpara. Jugue-
teamos con ella y, al frotarla accidentalmente, aparece un genio dispuesto a
concedernos tres deseos. El campo mental sufre una avalancha de propuestas en forma de pensamientos en un pispás. A decir verdad, poco importa
cuál elijamos. Nos decantemos por dinero, exijamos la dimisión de Trump,
hagamos aparecer a la pareja perfecta o aseguremos nuestra salud y la de

nuestros seres queridos, estaremos tomando la misma decisión: tratar de evitar un sufrimiento presente o futuro.

Más del 80% de las decisiones que tomamos en un día normal tienen como finalidad evitar sufrir, y estas decisiones se apoyan en las emociones. Las emociones nos invitan a actuar haciendo uso de la corteza prefrontal, concretamente el córtex orbitofrontal lateral y prefrontal dorsolateral, y el cuerpo estriado (un conjunto de neuronas situado en los ganglios basales). Estas estructuras tienen la tendencia a tomar el control de la situación y de nuestras decisiones. Asimismo, el ser humano que pasa productos por un escáner con ayuda de una cinta mecánica no es un dependiente de supermercado, es un traficante de emociones que evita a toda costa el sufrimiento. Pasa productos por un lector de códigos de barras para ganar dinero y poder pagar la casa, la factura de la luz y el agua, porque al pensar en la posibilidad de verse desamparado, en la calle, esa pensación le hace sentir miedo. La dependencia económica ha aprisionado su tiempo, su mente y su moral.

Desde hace unas cuantas décadas, tenemos a nuestro alcance libros, documentales o cursos para aprender a gestionar las emociones. La gestión emocional está de moda y llega a todos los ámbitos, desde el deportivo hasta el empresarial. Es así, disfrazados de gestores emocionales, como tratamos de aprender a controlar una situación problemática para sufrir lo mínimo posible. Curiosamente, el sufrimiento moderno nace al tratar de controlar las situaciones de vida, al esforzarnos por gestionar las emociones para evitar pasarlo mal. Claro que existen situaciones dolorosas que nos hacen sufrir en mayor o menor medida, pero estas situaciones ocurren entre veinte y treinta veces de media a lo largo de toda una vida. La muerte de un cónyuge, un divorcio, entrar en prisión, la pérdida de alguien cercano, enfermedades, despidos y la jubilación son algunas de ellas[*]. Sin embargo, las personas sufrimos mucho más de treinta veces a lo largo de una vida (esto sería padecer una vez cada dos años). ¿Por qué? Porque sin

---

[*] Según los estudios de Holmes y Rahe de 1976, estos acontecimientos vitales son los más estresantes para las personas.

darnos cuenta lo pasamos mal tratando de evitar situaciones dolorosas. Este es el sufrimiento moderno, el que nos hace sufrir a diario y se fundamenta en la posibilidad de que una imagen mental sea real. ¡Meeec! Error. Si queremos ser felices, debemos aprender a vivir nuestras emociones a partir de una idea que no genere sufrimiento. Igual que consumimos productos libres de gluten cuando estas proteínas nos hacen mal, también podemos consumir pensamientos libres de sufrimiento si aquello que pensamos nos hace daño. Este giro nos lleva a dejar de intentar gestionar las emociones y pasar a sentirlas.

Ahora bien, para abrirnos a las emociones primero debemos entender su naturaleza. Que sepamos, el cuerpo humano usa dos tipos de emociones: unas instintivas y otras racionales. En las emociones instintivas, los sentidos disparan cambios corporales de manera automática al detectar un estímulo concreto. Vayamos al ejemplo. Paseamos por una calle concurrida y, de repente, nos damos cuenta de que tenemos el bolso abierto. Automáticamente nos sube un escalofrío por los dedos de los pies, el corazón palpita a lo loco, la temperatura aumenta y nos sube la bilirrubina. Estos cambios corporales son conocidos en el mundillo científico como marcadores somáticos y se asocian directamente a un estímulo particular. El origen de las emociones intuitivas es la amígdala y suelen ser prerracionales, convirtiéndonos en muelles que impulsan reacciones automáticas de atracción o repulsión. A estas alturas, ni siquiera sabemos si nos han robado o no, pero nos llevamos una emoción «gratuita» por si las moscas.

Una vez pasado el momento de *shock* inicial entramos en una etapa de razonamiento, donde comprobamos nuestras pertenencias para ver si tenemos el móvil, la cartera, etc., y en función del resultado el cerebro genera pensamientos del tipo «Buff… menos mal», «me han robado la cartera… ¡Ahora qué hago!» o el clásico «¡Qué ca**o*n*s!» El sentimiento empieza a depender de las pensaciones. A estas alturas, puede que todavía queden restos de la emoción intuitiva inicial y sintamos un batiburrillo. Estamos en disposición de teorizar acerca de lo sucedido, y la emoción instintiva empieza a ceder terreno a las pensaciones, las cuales toman el control de la situación. Dejamos atrás las reacciones típicas de un bebé de cinco meses para razonar y pensar en las consecuencias. Es la otra cara de la moneda. En este caso, el estímulo no proviene directamente de los sentidos (del exterior), sino del campo mental (del interior), donde recuerdos, proyecciones de futuro o cualquier otro tipo de pensamiento se convierte en el origen de la emoción. En las emociones racionales, el estímulo es siempre interno y tiene su origen en el pensamiento. Estas pensaciones, como hemos visto, siguen a rajatabla la regla del PLAC y son el pan de cada día para las personas.

Podemos pasarnos la vida tratando de gestionar nuestras emociones, ignorando que nacen de las cosas que pensamos. Ahora bien, seguramente terminaremos por cansarnos del tema y volveremos a dejarnos arrastrar por ellas (lo de siempre). El organismo funciona como funciona. Cualquier estrategia que deje de lado al cuerpo humano está condenada al fracaso. Si estamos cansados de probar y probar sin resultados, siempre podemos tomar conciencia del funcionamiento del organismo. Al hacerlo, simplificamos nuestras emociones. Este giro hace que las emociones dejen de ser extraños generados por personas o situaciones de vida externas sin solución, y pasan a ser algo interno, un elemento del campo mental asociado a un pensamiento concreto que llamamos pensación.

Botánica mental avanzada

Cualquier cerebro humano puede pensar: «Muy bonito, pero hacer esto no es tan fácil». Dejando a un lado los mecanismos de defensa, esta idea tiene parte de razón. ¿Por qué? Vamos allá. Cualquier pensamiento que nace en el campo mental se sostiene sobre una base, sobre un pensamiento raíz. Lo que ocurre es que, al encontrarse en el subsuelo del campo mental, forma parte del sistema inconsciente y es invisible para nosotros. Ahora bien, al poner la atención sobre alguno de los pensamientos asociados al pensamiento raíz, la emoción que sentiremos será una mezcla entre la emoción asociada al pensamiento y la emoción asociada al pensamiento raíz. Por eso a veces nos cuesta tanto identificar con claridad la emoción que deriva de un pensamiento concreto. Busquemos un ejemplo. El pensamiento hoja «el lunes tengo un examen médico» está conectado con el pensamiento rama «espero que todo vaya bien» y con el pensamiento raíz «tengo miedo a morir». Todos ellos forman parte del mismo árbol. Cuando nuestra atención se pose en uno solo de los pensamientos, sentiremos a la vez todas las emociones asociadas a cada uno de ellos. Por decirlo de algún modo, sentimos «bloques» de pensamientos. El resultado de atender al pensamiento hoja «el lunes tengo un examen médico» es una sensación de inquietud y ansiedad que proviene de la suma de las sensaciones individuales de los tres pensamientos. Entonces aplicamos la regla del PLAC y caemos en la cuenta de que el examen médico no tiene la capacidad de hacernos sentir nada, sino solo la idea asociada a él. Lo que ocurre es que nos encontramos de bruces con el pensamiento hoja «el lunes tengo un examen médico» y, como aquello que sentimos nos parece desmedido, creemos que no proviene de él. El lío está servido.

El verdadero protagonista del asunto, el pensamiento raíz «tengo miedo a morir», está oculto en el subsuelo del campo mental. El reto consiste en seguir la pista hasta dar con él. ¿Y cómo podemos hacerlo? Debemos mirar cualquier pensamiento y esperar. El cerebro no tardará en contarnos una historia igual que hizo con los muñecos o el triángulo. Es importante darnos carta blanca para sentir lo que sintamos y pensar lo que pensemos. En caso de argumentar o reaccionar de algún modo, se interrumpirá el proceso y tendremos que empezar de nuevo. Volviendo al ejemplo anterior, al dirigir la atención a «el lunes tengo un examen médico», se destapa la cháchara. «El lunes tengo un examen médico. Espero que salga todo bien. ¿Te imaginas que me pasa lo mismo que al amigo de mi prima? Cómo se llamaba... ¿Pedro? Él también fue al médico por una revisión rutinaria y le encontraron un tumor. Los médicos siempre encuentran algo.»

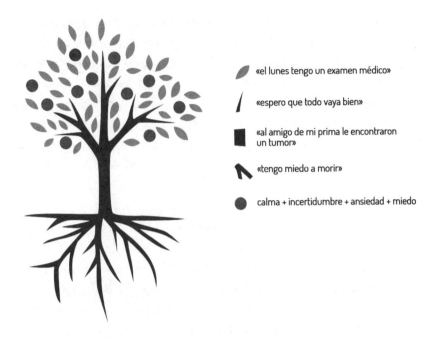

«el lunes tengo un examen médico»

«espero que todo vaya bien»

«al amigo de mi prima le encontraron un tumor»

«tengo miedo a morir»

calma + incertidumbre + ansiedad + miedo

Una de las claves para entender las emociones es darse cuenta de que el fruto, es decir, la emoción resultante, es la suma de la calma que produce el pensamiento hoja («el lunes tengo un examen médico»), la incertidumbre del pensamiento rama («espero que todo vaya bien»), la ansiedad del pensamiento tronco («al amigo de mi prima le encontraron un tumor») y el miedo que nace del pensamiento raíz («tengo miedo a morir»).

A lo largo del culebrón neuronal, que está al mismo nivel de la maruja del barrio, el cerebro va dejando entrever pensaciones y sus conexiones. Durante el descenso por el árbol del pensamiento, la emoción sentida se va haciendo más y más grande. Esto es física en estado puro. Si nos montamos en un cohete y viajamos a la Luna, veremos durante el camino cómo el tamaño aparente del satélite cambia. Cuanto más nos acerquemos, más grande nos parecerá; pero solo es una sensación. La Luna siempre mide lo mismo. Eso también es aplicable a las emociones. Las sentimos y se vuelven gigantescas porque estamos yendo hacia ellas. Sin embargo, solo es una percepción, una sensación aparente que proviene de la acción de mirar. ¿Y qué ocurre cuando alunizamos? Al pisar la Luna descubrimos que está hueca. Todo aquello que antes había sido intenso y sobrecogedor se transforma en reposo, en calma. Esto sucede porque, al igual que ocurre con cualquier forma de energía, las emociones ni se crean ni se destruyen, solo se transforman. El modo que tiene un organismo de transformar una emoción es sintiéndola. ¿Y en qué se transforman? Una vez sentida, la emoción se transforma en esencia, en el sustrato sobre el cual cimentamos las emociones y da vida al campo mental*.

De la Luna al planeta Tierra

Este viaje, en sentido inverso, es recorrido diariamente por el neuromarketing. Una campaña de publicidad bien diseñada es capaz de hacer que una persona (consumidor) asocie una emoción con una marca, y a su vez, con una serie de ideas. Existen ejemplos de todo tipo. Quizá el más conocido es el de Coca-Cola. La empresa americana ha conseguido relacionar su marca con la idea de felicidad. Hasta el 2016, donde la estrategia de marketing da un giro y se centra en el producto, hemos visto eslóganes como «La felicidad es siempre la respuesta», «Tómate una Coca-Cola y sonríe» o «Destapa la felicidad». El marketing sabe que el organismo genera un pensamiento raíz cuando nos bombardean con estímulos repetitivos, del mismo modo que ocurre con los controles de un coche cuando aprendemos a conducir o con las palabras de un idioma que estamos aprendiendo a hablar.

Coca-Cola **igual a felicidad** = EMOCIÓN (Bienestar, felicidad)

PLAC   *idea asociada*

---

* Muchas personas describen esta experiencia como un estado de calma donde la producción de pensamientos colapsa y cesa. Lo han llamado vacío, iluminación, conciencia o amor. De momento, no existen publicaciones científicas acerca de este fenómeno. Uno de mis intereses es ayudar a la ciencia a avanzar en esta dirección.

Hemos puesto nuestra atención tantas veces en anuncios y carteles que esta información ha llegado a los ganglios basales, sembrando la semilla que daría lugar a un pensamiento raíz en el subsuelo del campo mental. Es la forma que el organismo tiene de ahorrar energía y automatizar procesos. El pensamiento raíz «Coca-Cola igual a felicidad» se activa, y comienza a recorrernos una ligera sensación de felicidad cuando nos encontramos en el supermercado delante del estand de la bebida. Paralelamente, el organismo echa mano de recuerdos personales y experiencias relacionadas con la bebida para dar forma a determinados pensamientos que terminarán de pulir la emoción. Aunque la corteza cerebral tiene la última palabra, la sensación generada por el pensamiento raíz es instintiva, y la compañía americana parte con una gran ventaja. Ha conseguido colarse en nuestro organismo y asociarse con una sensación de bienestar. Con esto en mente, no es de extrañar que su inventor, el farmacéutico John S. Pemberton, vendiera veinticinco botellas en el primer año de comercializar el producto y, actualmente, la empresa venda alrededor de 1,6 billones de bebidas al día.

Detectives expertos en el arte de sentir

¿Qué esconden los pensamientos raíz? Hemos visto que cualquier pensación está conectada a su pensamiento raíz y que esa raíz es, en principio, invisible para nosotros. Para llegar hasta ella debemos seguir la pista de cualquier pensación conectada a él. ¿Y qué significa «seguir la pista»? Significa prestar atención a la historia que nos cuenta el cerebro sin evitar sentir lo que sintamos o pensar lo que pensemos. Un detective que trata de fotografiar a un marido infiel no intenta evitar que sea infiel, porque entonces nunca cometerá la infidelidad y no podrá pillarlo con las manos en la masa. Se limita a observar. El éxito es cuestión de práctica.

En este viaje de regreso al origen, iremos descubriendo cada una de las pensaciones que brotan de la raíz. En el momento más inesperado, nos encontraremos de bruces con el pensamiento raíz y comprobaremos que la mayor parte de ellos, alrededor de un 91%, tienen su origen en algún tipo de miedo*. Desde el momento en que nacemos, las personas heredamos una dependencia económica que nos impulsa a la esclavitud mental y moral. Es dentro de esa esclavitud donde hemos construido nuestro pequeño mundo individual, y dentro de ese mundo individual nos comportamos como una forma de vida que trata de evitar episodios de su propia vida porque piensa que le harán sufrir. Estos pensamientos de «miedo a sufrir» se han convertido en la raíz de nuestro sistema de pensamiento.

Vivimos con miedo a perder la autonomía, con miedo al cambio, con miedo a la soledad, al futuro o al fracaso. Sobre estos pensamientos de miedo construimos nuestras vidas, dando forma a una idea de felicidad basada en el miedo, tal y como veremos en el último capítulo de nuestro viaje. ¿Qué sucedería si un día como hoy descubrimos que el miedo no tiene sentido? ¿Cómo cambiaría nuestra vida y nuestra forma de ver el mundo el hecho de darnos cuenta de que el miedo carece de fundamento matemático? ¡Vamos a comprobarlo!

---

* He tratado de calcular una cifra a partir de mi experiencia propia. Soy consciente de su poco calado estadístico y de la necesidad de repetir el experimento con más personas. De todos los casos de éxito (hubo un 50% de veces que no conseguí llegar al pensamiento raíz), el 91% de ellos contenían la palabra miedo. Tampoco debemos menospreciar estos resultados pues nos ayudan a definir la hipótesis y el punto de partida.

10

EL MIEDO NI SE CREA NI SE DESTRUYE, SE TRANSFORMA

Pensamientos hechos de miedo

SM acababa de apagar las velas de su cuarenta y cuatro aniversario cuando entró a formar parte de la investigación. En los laboratorios de la Universidad de Iowa, los científicos trataban por todos los medios de hacerle sentir algún tipo de miedo, pero no tuvieron éxito. Empezaron reviviendo con detalle la pelea doméstica que llevó a su compañero sentimental a perder el juicio y a amenazarla primero con un arma blanca y después con una pistola. A continuación la pasearon por lugares tétricos, casas encantadas, proyectaron películas de terror y la acompañaron hasta tiendas de animales con acuarios repletos de serpientes venenosas. Los científicos no encontraron la más mínima traza de temor. Verdaderamente, la paciente SM era incapaz de sentir miedo. Estudios posteriores mediante dispositivos de imagen médica revelaron una lesión en una zona del cerebro conocida como amígdala, el centro del miedo. Esta lesión era la causante de su inhumana valentía.[1]

La amígdala (sistema límbico) se considera la estación central del miedo, aunque en la formación de la sensación participan otras vías cerebrales como el tálamo (recepcionista), el hipocampo (memoria), la corteza cingulada anterior, la corteza prefrontal dorsolateral (junto a la cingulada nos ponen alerta), el cuerpo estriado dorsal y el *locus cerúleo* (controla el nivel de alerta). El miedo es una sensación producida por un baile de señales neuronales, reacciones químicas y sensaciones corporales. Cuando una lesión interrumpe la comunicación en algún tramo de la vía del miedo, automáticamente dejamos de sentir temor. Por lo tanto, el miedo es una sensación producida por el organismo.

La idea anterior pone en duda la existencia real del miedo, y los mecanismos de defensa del buen presente no tardan en rechistar: «el miedo es necesario para salvar el pellejo». Siendo precisos, el miedo solo contribuye a salvar el pellejo cuando un estímulo externo despierta una emoción instintiva y nos hace saltar como un muelle. A este tipo de miedo podríamos llamarle instintivo. ¿Pero qué ocurre con el resto del tiempo? El 99% de las veces que el charcutero del barrio o la diseñadora gráfica sienten miedo proviene de estímulos internos, es decir, de sus propios pensamientos. «No sé cómo voy a pagar el seguro del coche», «es imposible entregar el proyecto a tiempo» o «llevo tres noches durmiendo en el sofá». El miedo ya no viene dado por peligros de la estepa o animales salvajes, sino por nuestras propias pensaciones. Este es el miedo moderno, y SM es la prueba viviente de que el miedo moderno no es imprescindible para vivir en nuestra sociedad.

¿Tiene sentido el miedo?

Alrededor de diez mil personas al día buscan en Google cómo superar el miedo a volar. Tomando prestados unos datos de la libreta del profesor de estadística del Instituto Tecnológico de Massachusetts Arnold Barnett, vamos a calcular la probabilidad de morir en un accidente aéreo. En Estados Unidos tenemos una posibilidad entre veinticinco millones de estrellarnos. Esto quiere decir que cuanto más grande sea el número que escribimos detrás de «una posibilidad entre…» más astros deben alinearse para que ese algo ocurra. Con los datos en la mano, vemos que tener un accidente aéreo es muy poco probable. ¿Pero cuánto de poco probable? Necesitamos comparar este dato con otros supuestos para hacernos una idea. Contrastando diferentes posibilidades, llegamos a la conclusión de que es mucho más probable ser alcanzados por un rayo, ser presidentes del Gobierno, morir atragantados, echarnos una novia o un novio modelo, recibir un Premio Nobel de Física o ganar una medalla de oro en las olimpiadas que tener un accidente aéreo. Sin embargo, uno de cada tres pasajeros tiene miedo a volar. Llamamos loco a una persona convencida de ser el próximo presidente del Gobierno u obsesiva si se preocupa por estirar la pata mientras come una alita de pollo. Sin embargo, no decimos nada de alguien con miedo a quedarse sin dinero o a morir en un accidente aéreo, a pesar de que es mucho menos probable que ocurra.

Además la posibilidad de que los miedos cotidianos acierten es mínima. Nuestra forma de ver la vida, estadísticamente hablando, no tiene mucho sentido. Los pensamientos están hechos de un 0,1% de realidad y el miedo moderno se origina en ellos*. Las matemáticas lo dicen alto y claro: el miedo moderno no tiene sentido. «Pero hombre... Más vale prevenir que curar ¿no?» No a cualquier precio. El miedo ordeña las glándulas suprarrenales y las obliga a segregar cortisol, una paloma mensajera que pone el organismo en alerta. Como consecuencia, la respiración se acelera, el corazón palpita como si no hubiera un mañana, la tensión arterial se pone por las nubes, las pupilas como platos y los procesos a largo plazo (crecimiento, digestión, reproducción y defensas entre otros) se detienen a la espera de encontrar una solución. En ese momento, si nos hacemos un análisis de sangre, vemos que el organismo está regido por la biología del miedo. Vivir constantemente estresados, bajo el influjo de los procesos moleculares del miedo, tiene un impacto directo sobre la esperanza de vida, la salud y la felicidad de las personas.

---

* Este dato es aplicable a personas sanas con las necesidades básicas cubiertas. Por ejemplo, si tenemos alguna enfermedad la cosa cambia y habría que calcular la probabilidad para ese caso concreto. Hablamos de pensaciones cotidianas como «mi hijo ha tenido un accidente con la moto» o «mi pareja me oculta algo».

Cuerpo de humano y cabeza de ratón

Llevemos a cabo un experimento imaginario a lo Víctor Frankenstein para llegar a las tripas del miedo. Supongamos que hemos implantado un tumor en el costado de unos participantes especiales (seres con cabeza de ratón y cuerpo de humano) y los hemos repartido en tres grupos. La probabilidad de aceptar o rechazar el tumor depende del sistema inmunológico de cada uno y es del 50%. Si queremos estudiar los efectos del miedo, debemos someter a cada grupo a un nivel diferente de temor, algo que conseguiremos variando la intensidad de un generador de descargas eléctricas. Las descargas pueden llegar a ser muy dolorosas, y el dolor activa los circuitos del miedo.

El primero de los tres grupos verá plácidamente en su jaula una sesión de cine de terror. Dado que los participantes tienen cerebro de ratón no se enterarán de nada y servirán como grupo de control para comparar resultados. Los participantes del segundo grupo recibirán una descarga eléctrica cada vez que se acerquen a una tela metálica situada en la parte derecha de la jaula, ofreciendo la posibilidad de aprender a evitar el miedo. El tercer y último grupo estará siempre conectado al generador, y no podrá evitar una descarga periódica ni rezando un padrenuestro. Vivirán constantemente bajo la biología del miedo. Transcurrido un tiempo, veremos cómo afecta el miedo en el sistema inmunológico de los participantes a la hora de aceptar o rechazar el tumor. En números, el porcentaje de participantes que se curaron fue de un 54% para el primer grupo (sin miedo), un 63% para el grupo dos (podían evitar el miedo) y el 27% para el tres (miedo constante).[2]

Echando un vistazo a los resultados vemos que se curaron más participantes del grupo dos (miedo evitable) que del grupo uno (sin miedo). ¿Significa esto que el miedo es bueno cuando lo podamos evitar? En cierto modo así es. Superar nuestros miedos resulta estimulante y beneficioso para el organismo porque el miedo nos saca fuera de nuestra área de confort. En dosis adecuadas, el miedo nos motiva y juega un papel fundamental en la felicidad, puesto que nos enseña aquellos aspectos de la vida que no hemos aprendido a disfrutar (todavía). En cambio, cuando el miedo está presente en cada tictac del reloj se convierte en algo desconocido e inevitable. Hacemos del miedo una forma de vida cuando desconocemos su origen, y la salud se ve mermada (solo el 27% de los participantes en estas condiciones se curó). El experimento real no lo llevó a cabo Frankenstein, ni participaron humanos con cabeza de ratón, sino un grupo de científicos capitaneado por Visintainer que empleó ratones normales y «corrientes» (una broma fácil). ¿Pero podemos extrapolar los resultados de los ratones a las personas así como así? El parecido fisiológico y genético entre un ratón y una persona es del 95%. Aunque parezca sorprendente, podemos extrapolar tranquilamente los resultados y convertirlos en nuestro punto de partida.

El miedo ni se crea ni se destruye, se transforma

Como cualquier otra forma de energía, el miedo ni se crea ni se destruye, solo se transforma. Ahora bien, por más que intentemos transformar un miedo, primero debemos conocer su origen. El campo mental es un escaparate de temores cotidianos y las pensaciones ofrecen un acceso directo a todos ellos, dejando entrever la relación entre la emoción que sentimos y el pensamiento que la genera. Sin duda, la regla del PLAC es una de las mejores herramientas que tenemos en el cinturón para llegar al origen. Si creemos que hacer esto es complicado, bonita pensación, podemos utilizar la regla de la propuesta para recordar que esa creencia tan solo es una opción. En la práctica, puede resultarnos complicado ver con claridad el pensamiento generador porque se trata de un pensamiento raíz, pero esta «complicación» no es más que impaciencia y desconfianza.

Conocer el origen es la única forma de transformar el miedo en un estímulo positivo. Tal y como hemos visto anteriormente, la forma de acceder al origen de lo que sentimos es convertirnos en detectives privados. Los participantes que aprendieron a evitar las descargas descubrieron que el miedo tenía sus raíces en una malla metálica a la derecha de la jaula, y pudieron tomar una decisión. Esta decisión, aumentó sorprendentemente la probabilidad de curarse. Confiemos. Tarde o temprano llegaremos a la raíz del asunto. El único requisito es dejar de intentar evitar, de tratar de cambiar aquello que sentimos o aquello que pensamos. Un detective contratado para hallar pruebas de una infidelidad el cual intenta evitar la infidelidad, jamás resolverá el caso. No estamos hablando de embarcarnos en un viaje moral o racional. El razonamiento debe quedar aparcado en la entrada una vez descubierta la necesidad de actuar. Ahora toca vivir. Y para llegar a buen puerto necesitamos grandes dosis de confianza, paciencia, honestidad y creatividad.

Los personas recibimos diariamente descargas eléctricas de nuestra querida amígdala de muchas maneras. El cerebro propone un pensamiento y la atención hace de interruptor, cerrando el circuito y propiciando la descarga dolorosa. Cada una de ellas es una oportunidad. Detrás de la biología del miedo moderno hay un pensamiento raíz, y detrás de esa raíz se encuentra la costumbre de tratar de no sufrir sufriendo. Llevamos siglos usando el miedo como crema protectora frente al sufrimiento, y acabamos de darnos cuenta de que su factor de protección es cero. Seguimos sufriendo. Después de tantos intentos desesperados, no queda otra que empezar a mirar adentro, empezar a arar y cultivar nuestro campo mental, sacando cada traza de miedo a la luz de la consciencia. Aquí el miedo se transforma.

11

REEDUCAR EL CEREBRO

Del pensamiento a la acción

Han pasado unas cuantas páginas desde que vimos por primera vez las constelaciones oscuras gracias a los antepasados de Justo en el Cusco. Ya no hay marcha atrás. A lo largo de este viaje hemos visitado el corazón de las estrellas, hemos visto esfumarse la línea entre la vida y la no vida, y nos hemos adentrado en el organismo del *Homo honestus*. Desde ahí, hemos construido juntos la percepción individual de la realidad, para terminar dando forma a recuerdos y pensaciones con un pase VIP colgado del cuello. Ahora somos conscientes de cómo funciona el organismo humano, y hemos dejado de ser auténticos desconocidos para nosotros mismos. ¿Y cuál es el siguiente paso? Obtener resultados tangibles. Es el momento de actuar, de llevar a cabo cambios reales en nuestra vida que impacten directamente sobre la felicidad. Todo lo que necesitamos saber ya está ahí. ¿Estamos dispuestos?

Desde la Roma de Marco Aurelio, Séneca y compañía, los seres humanos sabemos que las emociones son el origen de nuestras acciones. Nadie está descubriendo las Américas. «Emoción» es primo hermano de *emotio,* que significa «aquello que te mueve hacia». Astérix y Obélix, cuando repartían mamporros a diestro y siniestro a los romanos, ya eran conscientes de que las emociones nos llevan a la acción. ¿Y con qué fin actuamos? Actuamos para cambiar o mantener lo que sentimos. Durante miles de años hemos intentado cambiar nuestras emociones modificando el mundo que nos rodea, quitando de aquí y poniendo allá. A día de hoy, todavía no hemos conseguido los resultados esperados. El político o el vendedor de la ONCE siguen sintiendo cosas que no quieren sentir, y no nos damos cuenta de que cada una de nuestras acciones están controladas por esas emociones. El problema es que no asumimos la responsabilidad de aquello que sentimos porque pensamos que procede del exterior, de nuestros resultados, de nuestra situación familiar, de nuestra situación laboral o de nuestra situación sentimental. ¡No es cierto! Los pensamientos son el origen de nuestras emociones. Entonces, si las emociones nos empujan a actuar y nuestras acciones tienen unas consecuencias, unos resultados... ¡Para cambiar nuestros resultados debemos cambiar nuestra forma de pensar y no el mundo que nos rodea!

La pregunta del millón es: ¿podemos cambiar nuestra forma de pensar? En el intento de modificar los pensamientos, muchas personas han llegado a la conclusión de que debemos ser positivos. El método del pensamiento positivo consiste en crear afirmaciones (en primera persona, tiempo presente, positivas y precisas) y repetirlas constantemente. En cierto modo tiene sentido. Pienso positivo, siento emociones positivas y mis acciones serán consecuentes. Ahora bien, este método tiene un gran inconveniente: seguimos siendo esclavos de nuestros pensamientos aunque ahora suenen positivos. Siempre que nuestra vida dependa de ellos, sean positivos o negativos, nos moveremos en círculo y la realidad individual que percibimos ganará la partida. Tarde o temprano volveremos al principio, a la frustración y a la confusión. Podemos ponernos delante del espejo cada mañana y decirnos cosas positivas. Hacer esto no es malo, no está ni bien ni mal. La pregunta es: ¿queremos seguir dependiendo de los pensamientos o queremos depender de nosotros mismos, de aquello que realmente somos? Siempre que elijamos depender de algún tipo de pensamiento, seguiremos sin reconocer nuestra pertenencia al proceso inteligente de la vida, seguiremos sin reconocer quiénes somos en realidad. ¿Y quiénes somos? Somos aquel que elige usar o tirar un pensamiento en cada situación de vida.

El test de la golosina

Entremos de nuevo en nuestro laboratorio mental. Para el siguiente experimento necesitamos una sala de paredes blancas más bien pequeña, con una mesa del Ikea en el centro y una silla adecuada para niños de cuatro años. Los niños tienen la capacidad de enseñarnos cómo ser nosotros mismos, cómo transformar nuestra vida, siempre y cuando prestemos atención. Delante de cada pequeño participante vamos a poner una bandeja con una golosina, pero no les vamos a permitir cogerla hasta explicarles las reglas del experimento. Solo será un momento. Pueden comer la golosina ahora mismo si lo desean, aunque si se aguantan cinco minutos les daremos un premio por la espera y podrán comer dos golosinas. A continuación, salimos de la habitación y observamos su comportamiento. ¿Comerán la golosina al momento o esperarán para recibir la recompensa?

El estudio original fue llevado a cabo por el psicólogo Walter Mischel en Stanford hace cuarenta años y se conoce como el test de la golosina. Los resultados del experimento fueron un empate técnico. El número de niños que comieron compulsivamente la golosina y el de los que esperaron cinco minutos para obtener la recompensa fue el mismo.[1] A decir verdad, lo interesante no es cuántos hicieron una cosa u otra, sino cuál fue el verdadero motivo que llevó a unos a resistir la tentación y a otros a rendirse a las primeras de cambio. Revisando los vídeos del experimento encontramos la respuesta que buscamos. Los niños que pusieron su atención en el dulce terminaron sucumbiendo a la tentación, mientras que el resto dirigió su atención hacia otro lugar. En ambos casos, el elemento determinante fue la atención.

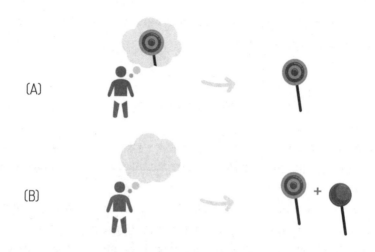

Los resultados del estudio de Walter dejan entrever una premisa que estamos a punto de descubrir: la regla de usar o tirar. (A) Los niños que prestaron atención a pensamientos relacionados con la golosina, terminaron reaccionando antes de tiempo y devorando la chuchería. (B) En cambio, los pequeños participantes que no usaron pensamientos relacionados con la golosina terminaron llevándose dos dulces a la boca.

El sistema nervioso construye un pensamiento acerca de aquello que se encuentra en el foco de la atención haciendo uso de recuerdos, planes futuros y condiciones presentes. «Qué pinta tiene... debe de tener el punto justo de acidez» (que nadie salive por favor). El cerebro de quienes atienden a la golosina cuenta historias acerca de golosinas. ¡Es lógico! Estos pensamientos generan a su vez unas emociones que impulsan a los niños a la acción, disparando la posibilidad de terminar con un dulce en la boca. La atención ha sido determinante en el resultado. Dado que la atención es selectiva y podemos dirigirla a nuestro antojo... ¡Entonces podemos elegir no pensar en la golosina! ¿Cómo? Dirigiendo la atención a otra cosa que no sea la bandeja de golosinas. Sin atención no hay pensamiento, sin pensamiento no hay emoción, y sin emoción no hay acción que condicione el resultado. En consecuencia, la golosina se quedará en la bandeja. Durante el experimento de Walter, cada niño utilizó una estrategia propia para desviar la atención del dulce. Unos se taparon los ojos, otros tararearon canciones, pero absolutamente todos hicieron desaparecer la golosina de su campo mental.

La regla de usar o tirar

Estamos a punto de dar un pequeño paso para el hombre pero un gran salto para la humanidad. A bordo de la tripulación del *Apolo 11*, el comandante Neil Armstrong y toda su tripulación han perdido un 5% de masa muscular a la semana y un 2% de masa ósea al mes debido a la microgravedad. El organismo del comandante sabe que los músculos y huesos son inútiles para vivir en el espacio. ¿Y qué hace al respecto? Deja de atenderlos. Un organismo siempre vive en el presente. Poco le importa que la intención sea regresar al planeta azul la semana que viene. De ahí que los huesos pierdan masa y los músculos se atrofien. Un músculo está hecho de proteínas que se van entrelazando como las fibras de una camiseta hasta formar tejido muscular. El organismo, siempre obsesionado con la eficiencia energética, deja de alimentar a las nuevas proteínas que vienen a sustituir a las más viejas, y mueren. Este es el mismo motivo por el cual vamos a rehabilitación después de pasar mes y medio con el brazo escayolado.

Usar o tirar es una de las principales premisas que rigen la vida y la energía. Cualquier tipo de energía que podamos encontrar en un organismo está dirigida por la regla de usar o tirar. Tome la forma que tome. No importa si hablamos de músculos, pensamientos o emociones. Este fenómeno lo vemos todos los días cuando dejamos de ir al gimnasio o cuando olvidamos un nombre. Los recuerdos que no se usan se olvidan. Un recuerdo, una creencia o una proyección futura son formas de pensamiento. Poco importa si apuntan al pasado, al futuro o les damos la condición de «hechos». Son pensamientos igualmente, energía, el mismo perro con distinto collar. Aprender a aplicar la regla de usar o tirar a los pensamientos da un vuelco a la vida. Aprender a aplicar la regla de usar o tirar los pensamientos tiene la capacidad de transformar por completo el mundo que vemos y nuestra forma de pensar. ¿Y cómo podemos decirle al organismo que un pensamiento es útil o no para vivir una situación de vida? Aquí es donde entra en juego la atención.

¿Me sirve o no me sirve?

Hasta el más hombretón ha quitado los pétalos de una margarita jugando al «¿Me quiere o no me quiere?» en algún momento de su infancia. Poner en práctica la regla de usar o tirar es aplicar la misma lógica a cada una de las historias propuestas por el cerebro. ¿Me sirve o no me sirve? Las posibles respuestas son: atención o ausencia de atención. Nada más. La atención es binaria, simple como ella sola. O hay atención o hay ausencia de atención. Cero o uno. O somos de KAS naranja o de KAS limón. Aquí no hay medias tintas. Siempre que respondamos con un argumento racional a la pregunta ¿Me quiere o no me quiere?, hemos elegido atender al pensamiento ya que, para razonar, hay que poner la atención en él y seguirle el juego. El pensamiento es cosa del cerebro, la emoción del cuerpo y la atención... ¡La atención es cosa nuestra! Ser humano no consiste en cambiar las cosas que pensamos. Ser humano consiste en decidir si las propuestas neuronales son útiles o no, algo tan simple como sustituir la palabra *atención* por un 0 (no me sirve) o un 1 (me sirve) en la ecuación*.

$$PENSAMIENTO \times ATENCIÓN\ [0,1] = EMOCIÓN = ACCIÓN$$

donde PENSAMIENTO = PLAC + IDEA es cosa del cerebro

Vamos a ponerle cara. Supongamos que el cerebro propone el pensamiento «esto es muy bonito pero muy difícil de aplicar» para vivir este momento (todo un clásico de los mecanismos de defensa de la percepción de la realidad). La idea consiste en elegir si ese pensamiento es útil o no para este

---

* Por si las moscas, y sin ánimo de ofender la inteligencia de nadie, cualquier número multiplicado por 0 es 0 (diez mil millones también) y cualquier número multiplicado por 1 es el mismo número (novecientos billones también).

instante. Cada célula del organismo está esperando la respuesta no solo para generar la emoción y la acción correspondiente, sino también para aprender. El organismo es un sistema inteligente que va quedándose con la copla de nuestras elecciones. ¿Cómo podemos saber de forma práctica si un pensamiento nos sirve o no? Muy sencillo. Paso uno, nos paramos a sentir la pensación sin actuar (importante no actuar). Podemos hacer esto poniendo la atención brevemente sobre el pensamiento y preguntándonos: ¿cómo me hace sentir este pensamiento? Vemos que «esto es muy bonito pero muy difícil de aplicar» nos hace sentir desconfianza y pesimismo. Paso dos. ¿Queremos sentirnos desconfiados y pesimistas? No, queremos vivir en paz, ser felices. Entonces ese pensamiento no nos sirve para alcanzar nuestro objetivo porque nos separa de la felicidad. Aquí no hay lugar para la duda ni margen de error: o nos acerca o nos aleja de la felicidad en este momento. Paso tres, comunicamos al organismo nuestra elección poniendo un cero en la ecuación y esperamos para obtener dos dulces. Incluso podemos decir para nuestros adentros «este pensamiento no me sirve para vivir esta situación». Siguiendo estas sencillas indicaciones, todas y cada una de las decisiones que tomemos serán siempre acertadas.

El cerebro no tardará mucho en proponer un nuevo pensamiento. «La regla de usar o tirar va a cambiar mi vida» o «esto son chorradas». Da igual cómo sea. Volvemos a preguntarnos qué nos hace sentir, y si no ofrece el resultado que buscamos: ¿qué sentido tiene usarlo?* Ser humano es simple. Ahora bien, se vuelve muy complicado cuando desconocemos cómo funciona el organismo. Un pensamiento que no se usa jamás generará emoción y, sin emoción, la acción nunca tendrá lugar. «Ya, pero a veces es imposible evitarlo.» ¿Cómo nos hace sentir este pensamiento? Es una cuestión de honestidad. La honestidad de mirar a los ojos del pensamiento y elegir no usarlo sin tener miedo de las consecuencias. La honestidad de pensar «mi empresa va a cerrar» o «nunca podré cambiar» y reconocer que ese pensamiento no me sirve porque me aleja de la felicidad. Desde aquí podemos descubrir que, lejos

---

* La respuesta a esta pregunta no es un argumento racional para que lo podamos entender, sino una sensación para que la podamos sentir.

de tener razón, esa propuesta neuronal esconde el miedo a quedarnos sin blanca o el miedo a continuar sufriendo. Hemos encontrado el pensamiento raíz. Si realmente queremos comenzar a reeducar al cerebro, debemos empezar a entender una cosa: lo opuesto al miedo no es el amor, sino la confianza.

Reeducar el cerebro

Es el momento perfecto para recuperar la libertad. El tiempo que llevemos siendo ventrílocuos del pensamiento es lo de menos, a lo sumo puede servirnos de excusa. «Llevo sesenta años acostumbrado a ello y no voy a cambiar» solo es una excusa. Podemos decirlo sin pelos en la lengua. El organismo siempre está preparado para el cambio. Si estamos leyendo esto estamos vivos. Por lo tanto, podemos dejar de vivir siendo esclavos de nuestros pensamientos. ¿Y qué hace falta para dar el salto? Necesitamos reeducar el cerebro. ¿Y esto qué significa? Significa asumir el 100% de la responsabilidad tanto de nuestras pensaciones, como de las acciones y los resultados que vendrán. ¿Por qué? Porque los resultados dependen de las cosas que hacemos, y las cosas que hacemos dependen de las cosas que sentimos, y las cosas que sentimos de aquello que pensamos. Todo está conectado.

Un sistema nervioso sano nunca propone pensamientos al tuntún. Analiza y simplifica el entorno para inventar una versión adaptada al presente de aquellos pensamientos más usados en situaciones pasadas similares. Este es su principal criterio de selección. Supongamos que Harry Potter nos convierte en un cerebro justo cuando vemos el tiempo en las noticias del mediodía. El presentador informa de los valores de temperaturas máximas en Barcelona durante la última semana con ayuda de un mapa virtual: 25° lunes, 22° martes, 25° miércoles, 25° jueves, 21° viernes, 19° sábado y 25° el domingo. Para nosotros, que ahora somos un cerebro, el dato más importante será 25° porque es el que más veces se repite. Entonces, en la próxima conversación relacionada con el tiempo en Barcelona propondremos el pensamiento «temperatura 25°». ¿Qué hemos hecho? Ser prácticos, quedarnos con el dato más frecuente.

Lejos de ser riguroso, el ejemplo anterior sirve para entender la forma de funcionar de un cerebro a la hora de proponer pensamientos. Aparte de estar condicionados por el pasado, los planes de futuro y ser coherentes con el presente, un buen candidato a pensamiento debe ser frecuente. ¿Y dónde se guarda la información referente al uso? En la anatomía neuronal. De hecho, con un dispositivo moderno de neuroimagen podemos saber si un desconocido votó a Podemos o al PP en las últimas elecciones. Cuando alguien simpatiza con Podemos (de izquierdas o liberales) usa frecuentemente una serie de pensamientos que aumentan la densidad en la corteza cingulada (emociones y honestidad). Sin embargo, una persona que confraterniza con el PP (de derechas o conservadores) presenta una amígdala (miedo) con más densidad debido a las ideas que frecuentan sus redes neuronales.[2]

Desde que nacimos, hemos tratado de controlar las cosas que pensamos o de gestionar nuestras emociones de mil maneras. Esta actitud nos ha llevado a una rueda sin fin, a un callejón sin salida, donde los resultados nunca son exactamente los esperados. Esto ocurre porque al intentar controlar un pensamiento le estamos prestando atención. Entonces sentimos la emoción asociada a él y actuamos. Cada vez que tratamos de resistirnos, estamos actuando. Resistirse es una acción. En el intento de cambiar, el cerebro interpreta que ese pensamiento es útil debido a que lo estamos usando, y por lo tanto lo propone con más frecuencia. Sin darnos cuenta... ¡Hemos conseguido el efecto contrario! Cuanto más intentamos cambiar las cosas que pensamos más presentes se vuelven. Tenemos un problema de comunicación con nuestro cuerpo. Nos relacionamos con él de la misma forma que un matrimonio frustrado, donde cada uno da cosas por supuesto y cada palabra es mal entendida. ¡Normal que durmamos continuamente en el sofá! La forma natural de comunicarnos en esta situación es ser honesto, y decirle al organismo «este pensamiento no me sirve para vivir este momento».

Taylor Schmitz y su equipo de la Universidad de Cambridge han explicado qué ocurre en el cerebro de una persona cuando manifiesta «este pensamiento no me sirve» gracias a un procedimiento denominado «pensar–no pensar». Durante la primera parte del estudio, los participantes aprenden una asociación incoherente de palabras como pie-tostada o metal-peca. Posteriormente, se muestra solo la primera palabra de la asociación de un color concreto: verde o rojo. Si el color de la palabra es verde, los participantes deben pensar en su pareja y recuperar la palabra asociada, mientras que si se pinta de rojo deben no pensar, inhibirla. Con ayuda de una técnica conocida como espectroscopia de resonancia magnética, han descubierto que cada vez que un participante no piensa aumenta un compuesto químico conocido como GABA en su hipocampo (memoria).[3]

Llevando estos resultados del laboratorio a la vida del carnicero o de los adictos al *coaching*, cada vez que manifestamos «este pensamiento no me sirve» estamos desviando la atención a otro lugar, privando de interés a la propuesta inútil. «Creo que le caigo mal» es un pensamiento inútil ya que nos aleja de la felicidad. Entonces elegimos «no pensar» diciéndonos a nosotros mismos «este pensamiento no me sirve para vivir este momento». Nuestro cerebro comenzará a secretar GABA como un descosido. Este neurotransmisor se concentrará en el hipocampo para evitar que el mismo pensamiento inútil sea propuesto de nuevo por la corteza cerebral cuando vivimos una situación de vida similar. En consecuencia, la probabilidad de volver a pensar lo mismo disminuye. Puede que con hacerlo una vez no sea suficiente para reeducar el cerebro y dar con el cambio neuronal que esperamos, pero una cosa está clara: el proceso de aprendizaje será equivalente e igual de duro que cuando aprendemos a bailar por primera vez. No más.

Antes de zanjar el tema, tan solo un pequeño apunte. Para algunas personas, el subconsciente no entiende el adverbio *no*. Esto significa que cuando supuestamente decimos «este pensamiento no me sirve para vivir esta situación» en realidad el organismo entendería «este pensamiento me sirve». Quien quiera puede usar «este pensamiento es ineficaz». Nuestro objetivo no es tener mejores pensamientos, más positivos o mejorar la comunicación, sino dejar de depender totalmente del pensamiento, y este giro consiste en llevar la atención a un lugar diferente. La verdadera inteligencia nada tiene que ver con la capacidad de resolver problemas o conectar conceptos, sino más bien con la capacidad de seleccionar las ideas más útiles en cada situación de vida.

Rehabilitando la atención

Visto lo visto, la atención es uno de nuestros bienes más preciados. Es nuestro tesooooro. Hasta ahora nunca nos hemos preocupado lo más mínimo por su salud y, en cierto modo, la atención se ha convertido en una yonqui adicta al trabajo y al entretenimiento. Vivimos saturados, con la atención puesta en mil cosas: en la casa, en el correo electrónico, en el futuro y en Netflix. ¿Y qué? Pues resulta que cuando vamos a echar mano de la atención para elegir si usar o tirar un pensamiento, está más quemada que la pipa de un indio y perdemos la capacidad de elegir. Estamos agotados. En estas situaciones solemos echar mano de la copita de vino para «relajarnos». ¡Y claro que funciona! Los neurotóxicos son una forma artificial de «no pensar»*. De esta forma tan sutil perdemos de vista el origen del problema y renunciamos a nuestra capacidad de elegir, convirtiendo la felicidad en algo complicado.

Para dar el salto, debemos tener la atención en plena forma. Hemos reconocido que el pensamiento es una herramienta, sí, pero debemos empezar a rehabilitar la atención. Es urgente. Por ello vamos a acudir a una reunión de Atenciónimos Anónimos para descubrir las manías de la atención y cómo alimentarla positivamente. Bienvenidos.

Vayamos directamente al origen del problema. Durante la Segunda Guerra Mundial, a pesar de invertir millones de dólares en mejorar la tecnología y la seguridad de los aviones, el número de accidentes aéreos se disparó. ¿Cómo era posible? Por mucho empeño que pusieron, los militares no fueron capaces de encontrar el motivo. Contabilizaron el número de convoyes abatidos por el enemigo y era mucho menor comparado con la tecnología anterior. El número de aviones que se fueron a pique debido a fallos mecánicos también era menor. Realmente habían conseguido aviones más rápidos, más seguros y más difícilmente detectables. ¿Entonces, por qué había más accidentes? Desorientados, encargaron al psicólogo Donald Broadbent que iniciara una investigación para tratar de llegar al fondo del asunto.

---

* Esto no solo pasa con la copita de vino, sino con las redes sociales, los cigarrillos de la risa y demás entretenimientos que vienen a sustituir la realidad.

El científico inglés descubrió que el desarrollo tecnológico había disparado exponencialmente el número de indicadores y estímulos que el piloto debía manejar durante el vuelo, y llegó a la conclusión de que el aumento de accidentes se debía al fallo humano. A lo largo de sus investigaciones comprobó cómo la mente es capaz de gestionar un número limitado de tareas al mismo tiempo. Todo apuntaba a un problema de atención*.

La multitarea nos desgasta y nos agota, convierte el día a día en un torrente de pensamientos automáticos que nos empuja a actuar. En este dejarse llevar por el pensamiento, la capacidad de elegir pasa desapercibida y las emociones se convierten en un incordio, perdiendo su sentido vital: hacer de brújula hacia la felicidad. Cuando hacemos dos cosas a la vez, la corteza prefrontal (concretamente la parte frontopolar y dorsolateral) se divide por la mitad, y cada una de las partes asume una tarea. Como consecuencia, la atención literalmente se fracciona. Rendimiento y concentración caen en picado y la probabilidad de errar se dispara. La saturación de la atención no solo fue el origen del incremento de accidentes aéreos durante la Segunda Guerra Mundial, sino que también es la responsable de las malas decisiones y las grandes meteduras de pata a lo largo de nuestra vida. Para hacernos una idea de la magnitud del asunto, un conductor distraído que va hablando por el móvil conduce peor que una persona que supera la tasa de alcohol permitida.[5] La atención se va anestesiando con cada tarea adicional que añadimos. Como consecuencia, el presente se disuelve para el cerebro.

En las ciudades vivimos sobrecargados de estímulos que tratan de llamar nuestro interés: señales de tráfico, anuncios de Coca-Cola, teléfonos móviles y un sinfín de elementos que secuestran constantemente nuestra atención. Aun así, que nadie se preocupe demasiado por esto del secuestro pues el precio del rescate es accesible para cualquiera. Podemos empezar por pequeñas acciones como evitar tener las redes sociales y el correo elec-

---

* Broadbent desarrolló un experimento donde el participante escuchaba dos mensajes simultáneamente para medir y entender el funcionamiento de la atención. El método se conoce como escucha dicótica.[4]

trónico anclados en la pestaña del navegador todo el día, apagar el ordenador cuando no lo utilicemos, activar el «no molestar» en el móvil cuando estemos hablando cara a cara con otra persona, silenciar grupos y contactos de wasap que acostumbran a enviar distracciones, y desactivar las notificaciones del resto de redes sociales o gestores de correo. «¡Hacer esto es imposible en mi trabajo!», solemos pensar. La experiencia nos enseña que no solo es posible, sino imprescindible si queremos rendir mejor, ser más eficientes y llegar a casa con mejor humor. A partir de ahora, los correos o los *likes* no interrumpirán nuestro trabajo. Seremos nosotros los que voluntariamente dedicaremos un tiempo para revisarlo. ¡Ah! Se me olvidaba, y nada de cuentas de correo o redes sociales del trabajo fuera de la oficina.

Se trata, únicamente, de añadir consciencia. Añadir consciencia en lo que hacemos, aprender cómo funciona el organismo y sacarle el máximo partido. Estas pequeñeces darán resultados desde el primer día. No seamos exagerados (que nos encanta cuando nos sacan de nuestra monotonía). Nadie está hablando de prescindir de la tecnología, de hacerse ermitaño, ni tampoco de emplear tiempo extra en nada. Estamos hablando de seguir una estrategia para regenerar la atención 100% compatible con la cotidianidad y, a cambio, tendremos la posibilidad de retomar las riendas de nuestra vida. Vale la pena ¿no?

Para los más atrevidos, existen estrategias de nivel 2 como, por ejemplo, restringir el horario de acceso al correo (10, 12 y 16 horas) y redes sociales (9 y 18 horas), ser más ordenado, hacer deporte, dar un paseo por la naturaleza, jugar, ser honesto, divagar, hacer yoga, acariciar una mascota, hacer el idiota, celebrar, meditar, tener sexo (no en el trabajo), confiar en la vida o hacer breves descansos cada treinta o cuarenta minutos. Este último punto es especialmente efectivo. La atención trabaja en ciclos de treinta-cuarenta minutos. Por lo tanto, rendiremos muchísimo mejor si nos tomamos pequeños descansos y damos espacio para que la atención se regenere*. Así tardaremos más tiempo en llegar al punto de saturación. La mayoría de las personas con un horario de oficina (por ejemplo, entrada a las 10 y

---

* Un aporte de Priti Shah de la Universidad de Michigan.

salida a las 19 horas), satura su atención alrededor de las 17 horas. Jueves o viernes, la saturación nos visita antes de tiempo. Para rendir al máximo, ¡bailemos al ritmo de la atención!

A la hora de ponernos manos a la obra, es habitual que nos encontremos con un invitado inesperado: el aburrimiento. «¿Y que hago si no? ¿Mirar al techo?» O quizá «A mí me gusta mirar el Facebook a todas horas». Tener este tipo de pensamientos es totalmente normal. Durante nuestra educación le hemos dejado bien clarito al cerebro que la novedad, el cambio y salir de la zona de confort es algo que no estamos dispuestos a hacer todos los días. Por lo tanto, es lógico que su respuesta sea generar pensamientos que se oponen al cambio. De nuevo, la única salida es preguntarnos si los pensamientos «¿y que hago si no? ¿Mirar el techo?» y «a mí me gusta mirar el Facebook a todas horas» nos acercan o nos alejan de nuestros objetivos. Entonces vemos que nos alejan, que nos llevan a no cambiar, a seguir como estamos. Blanco y en botella. Es el momento de decirle al cerebro «ese pensamiento no me sirve para vivir este momento» y abrirnos a la posibilidad de estar aburridos. Cuántas veces hemos dicho de antemano «esto será un aburrimiento» y al permitirnos ir al evento o desarrollar la tarea nos ha sorprendido gratamente. Es el momento de dejar que la vida nos sorprenda. ¡Confiemos!

La felicidad está ahí... ¡Pues yo no la veo!

¿Qué es la felicidad? Para algunos es la ausencia de inconvenientes y depende de las cosas que pasan en la vida, de los resultados. Otros la ven como un estado de satisfacción espiritual y físico alcanzable a sorbos. Incluso hay cerebros que piensan que la felicidad es su vecina del quinto. ¿Por qué nos cuesta tanto a las personas ser felices? Daniel Simon y Christopher Chablis, dos investigadores de Harvard, encontraron una posible respuesta. Diseñaron un estudio que consistía en ver un vídeo de poco más de un minuto donde dos equipos de tres jugadores se pasan una pelota de baloncesto. A los participantes se les pidió que contaran cuántos pases daba el equipo blanco. Pan comido ¿no? ¡Treinta y cuatro pases! ¡Hemos dado en el clavo! Lo cierto es que el experimento no fue diseñado para averiguar si los participantes sabían contar; era una estrategia de distracción. Los científicos querían averiguar si los participantes eran capaces de ver a un estudiante disfrazado de gorila que cruzaba la imagen de derecha a izquierda, se detenía justo en medio del plano mirando a cámara, golpeaba su pecho y se retiraba. El 50% de los participantes no vieron nada inusual en el vídeo. ¡No habían visto al gorila a pesar de estar cerca de diez segundos en escena![6] Cuando los investigadores volvieron a ponerles el vídeo, los participantes detectaron al gorila a las primeras de cambio y exclamaron «¡¿cómo puede ser que no lo haya visto antes?!»

Lo mismo que ocurre en el experimento de Simon y Chablis con el gorila ocurre con la felicidad. La posibilidad de ser felices está ahí, en la escena, pero no la vemos porque vivimos distraídos haciendo números para llegar a fin de mes, buscando a alguien que nos haga felices o tratando de averiguar la forma de encontrar al gorila. Cada vez que ponemos la atención en algo, el resto del mundo desaparece para nuestro cerebro. Hemos aprendido a rehabilitar la atención, algo imprescindible para poder ver la felicidad; tan solo nos falta verla. Y para ver hay que mirar. Nos encontramos en la última etapa de nuestro viaje. En ella vamos a mirar juntos a los ojos de la felicidad. Aviso: vamos a terminar preguntándonos exactamente lo mismo que los participantes en el estudio del gorila: ¿cómo puede ser que no la haya visto antes?

12

EXPANDIENDO LA FELICIDAD

A lo largo de nuestro viaje por el organismo humano hemos descubierto que los pensamientos son el origen de nuestras emociones, y estas emociones nos empujan a actuar. Ahora vamos a centrarnos en los resultados que acarrean nuestras acciones. Cualquier acción produce unas consecuencias internas y externas. Cuántas veces hemos estado en casa y ante un comentario de nuestra pareja, el sistema nervioso nos ha propuesto algún pensamiento del tipo: «¿está insinuando que siempre me dejo los platos sin fregar cuando es ella quien siempre se los deja?» Somos totalmente conscientes de que la vamos a liar si entramos al trapo, si actuamos. Entonces tratamos de negociar con el pensamiento y, con cada razonamiento, prestamos más y más atención. El pensamiento empieza a mutar, a convertirse en emoción, y la pensación va tomando forma. Todavía no hemos dicho ni pío, pero el organismo está rebosante de señales electroquímicas y hormonas que se van retroalimentando, modulándose, mientras la emoción va engordando. Aquí tenemos el resultado interno. Para rematarnos viene el «no lo digas que la vas a tener», «no lo digas…», «no…» Y lo dices. El pollo está asegurado. Tras el enfado, vemos la consecuencia externa: dormiremos culo con culo.

Cada vez que reaccionamos ante una emoción, le estamos diciendo al cerebro «este pensamiento es útil para vivir este momento» y, por lo tanto, estamos educándolo. La próxima vez que nos encontremos en una situación parecida, el sistema nervioso volverá a proponernos un pensamiento similar puesto que, al usarlo, entiende que resultó «útil».

La mayor parte del tiempo actuamos dominados por las emociones, con la sensación de que los pensamientos hacen lo que quieren con nosotros. ¿Por qué nos cuesta tanto? ¿Por qué no podemos simplemente cerrar el pico y sonreír a lo Jack Nicholson? El primer paso en falso lo damos al creer que las emociones que sentimos provienen de las palabras de los demás cuando, en realidad, son el resultado de poner la atención en el pensamiento «¿está insinuando que siempre me dejo los platos sin fregar cuando es ella quien siempre se los deja?» Esta confusión hace que tratemos de luchar o huir constantemente de las cosas que pensamos y sentimos. Para luchar contra algo tenemos que prestar atención a ese algo, para mantenerlo a raya, y cuanta más atención prestemos más grande se hará la emoción. ¡Estamos consiguiendo el efecto contrario! Lo mismo ocurre cuando tratamos de huir.

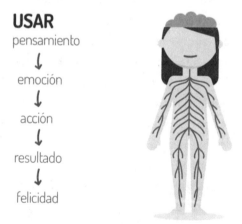

USAR

pensamiento
↓
emoción
↓
acción
↓
resultado
↓
felicidad

En esta ilustración puede verse claramente cómo las personas generamos nuestra percepción individual de la realidad. El cerebro nos propone un pensamiento (en base a nuestra experiencia pasada, base genética y expectativas futuras). Al usar un pensamiento, es decir, al prestarle atención, damos lugar a una pensación. Esa emoción sentida, el 80% de las veces nos empuja a actuar y, esa acción, da lugar a unos resultados. Tan solo nos falta ponerle la guinda al pastel. Como veremos muy pronto, la sensación de felicidad proviene de comparar esos resultados con nuestras imágenes mentales felices y expectativas.

La solución pasa por no usar ese pensamiento, y el reto consiste en hacerlo con la atención saturada. El estrés, los dispositivos electrónicos, el alcohol o la falta de sueño queman la atención privándonos de la capacidad de elegir y reeducar el cerebro. Muchos nos echaremos las manos a la cabeza leyendo esto. Es normal. El estilo de vida actual se basa en trabajar todo el día (estrés), consultar las redes sociales mientras vamos y volvemos del trabajo (estrés digital), tomarnos una cerveza o copita de vino por la tarde-noche (neurotóxico) y acostarnos a las tantas viendo una serie en Netflix (falta de sueño). A nuestro favor hay que decir que sacamos heroicamente un hueco para hacer ejercicio y tratamos de alimentarnos lo mejor posible.

Si queremos cambiar los resultados y dejar de dormir culo con culo, debemos ir al origen del problema: las cosas que pensamos. Sin embargo, nuestro viaje al origen no será con el fin de cambiar pensamientos o hacerlos más positivos, sino para decirle al sistema nervioso «este pensamiento no me sirve para vivir este momento». Este matiz, tiene la capacidad de transformar por completo el mundo que vemos. ¡Ojo! No nos confundamos. Nadie está hablando de cambiar de pareja o de ignorar las cosas que pensamos. Estamos hablando de tomar conciencia del funcionamiento del organismo, de recordar que un pensamiento es una propuesta neuronal, y recuperar así el poder de elegir qué pensamientos son útiles para vivir este momento. Es un tema de neuroeducación. Un organismo es torpe y lento con la teoría, pero aprende rápidamente con la experiencia y el ejemplo. Por este motivo, si queremos reeducar el cerebro necesitamos situaciones, necesitamos tener pensamientos desagradables y sentir sus emociones asociadas, para poder decirle al cerebro «este pensamiento no me sirve para vivir esta situación». Es imposible hacerlo de otro modo. Ser feliz pasa por darse cuenta de esto. Cualquier método que trate de alterar los pensamientos o mejorarlos, aunque parezca funcionar en un primer momento, a largo plazo se vuelve ineficaz y dará paso a la frustración.

La fórmula de la felicidad

Las personas hemos convertido la felicidad en una imagen mental repleta de coches de lujo, éxitos profesionales, vacaciones en Cancún, parejas perfectas y hoteles con pulsera. ¿Qué nos viene a la cabeza cuando pensamos «felicidad»? ¿Éxito? ¿Salud? ¿Lugares? ¿Personas? Unos creen que el dinero, la salud y el amor no dan la felicidad, pero ayudan (y mucho). Otros opinan que se esconde en los pequeños detalles, es cuestión de suerte o, directamente, no existe. Independientemente de la idea de cada cual, las personas de a pie llamamos felicidad a la sensación que resulta de comparar nuestra imagen feliz de las cosas con el momento presente.

Una imagen feliz es una imagen mental de referencia socialmente acordada, que viene dada por la educación y retocada por experiencias personales. Por ejemplo, todas las personas tenemos una imagen feliz de «familia» compuesta por un papá, una mamá y unos hijos, donde se respetan y valoran unos a otros. Esta imagen está integrada en cada uno de nosotros y nos acompaña allá donde vamos. Luego, por otro lado, está la situación de cada persona y su percepción individual de la realidad. ¿Tenemos papá y mamá? ¿Hay conflictos entre ellos? ¿Están divorciados? ¿Sentimos que nos valoran? Sí. Todo está bien, ¡tenemos una familia de diez! Lo mismo ocurre con la mascota de la casa, la economía o con nuestra pareja. Una posible imagen feliz de pareja es una persona cariñosa, comprensiva, atractiva, detallista, fiel y con trabajo. Ahora toca mirar nuestra realidad individual. ¿Tenemos pareja? Sí. ¿Es cariñosa? Sí. ¿Comprensiva? Sí. ¿Detallista? Sí. ¿Tiene un buen trabajo? Sí. ¿Es atractiva? Sí. ¿Es fiel? Sí. ¡Bueno, bueno! ¡Somos unos suertudos!

La lista de imágenes felices continúa hasta el infinito y más allá. Tenemos una imagen feliz de salud, de trabajo, de amistad, del vecino, de coche o de cualquier cosa que pueda existir en el universo (incluso el mismo universo). Cada persona tiene su propia colección única e irrepetible, y estas imágenes felices determinan nuestras expectativas.

$$\text{FELICIDAD} = \text{IMAGEN FELIZ} = \text{INSTANTE PRESENTE}$$

$$\text{SUFRIMIENTO} \propto \text{IMAGEN FELIZ} - \text{INSTANTE PRESENTE*}$$

---

* El símbolo «$\propto$» significa en matemáticas «proporcional a».

Estas fórmulas explican sin tapujos la felicidad y el sufrimiento humano. Las personas somos felices cuando nuestra imagen feliz coincide exactamente con el momento presente. Ante cualquier diferencia, por más mínima que sea, dejaremos de ser totalmente felices. Justo en ese momento aparecen las expectativas, y el sufrimiento será proporcional a la distancia entre la imagen feliz y el instante presente. Esta comparación se lleva a cabo en las profundidades del cerebro, concretamente en el sistema mesolímbico de recompensa*. Este sistema es el encargado de contrastar el ahora con nuestras imágenes felices, dando pie a la sensación de felicidad; un cóctel bioquímico compuesto por dopamina (sensación de placer y motivación), endorfinas (bienestar), serotonina (estado de ánimo) y oxitocina (confianza).

Ahora bien, desde un punto de vista estadístico es prácticamente imposible ser feliz en el mundo en que vivimos. Hemos convertido la felicidad en algo elitista, en una señorita más exigente que Rottenmeier. Nos pasamos la vida conociendo a personas y buscando a alguien compatible mientras nos preparamos académicamente para ser felices. Entonces encontramos la pareja y el trabajo perfectos. El esfuerzo ha dado sus frutos. Ahora toca mantenerlos, no defraudar, ser comprensivo, cariñoso, cumplir objetivos, tener hijos y seguir motivados. A los diez años de estar en el mismo lugar, viendo las mismas caras y desarrollando el mismo trabajo, la motivación ya no es la misma. Tal día como hoy salta la alarma en la corteza cingulada anterior (honestidad) y los cimientos de la felicidad empiezan a tambalearse. Pero bueno, se trata de un ligero tembleque, tampoco exageremos. Pasa el tiempo y, al final, terminamos acostumbrándonos a vivir con esa sensación agridulce intermitente. «Es normal, le pasa a todo el mundo», suele pensar nuestro sistema nervioso.

Unas semanas más tarde, nos enteramos de que un amigo ha hecho algo que está fuera de nuestra imagen feliz de amistad, y la felicidad sufre un

---

* El sistema mesolímbico de recompensa no es moco de pavo. En él intervienen numerosas estructuras cerebrales como el núcleo accumbens, área tegmental ventral, la amígdala, la corteza prefrontal (al parecer izquierda) e hipocampo (memoria).[1]

terremoto de fuerza dos en la escala de Richter del bienestar. La sensación de sufrimiento va en aumento. Basta con que otro acontecimiento imprevisible escape de alguna imagen feliz para que el terremoto pase a nivel tres, incluso, si se trata de algo inesperado relativo al dinero, la salud, el amor o la familia, el seísmo puede superar el nivel cinco. A partir de ese momento, nos convertimos en una olla exprés con patas.

Expandiendo la felicidad

Las imágenes felices determinan qué debe ocurrir en nuestra vida para alcanzar un estado de bienestar y, al mismo tiempo, también definen aquellas experiencias que generan sufrimiento. Felicidad y sufrimiento comparten origen, son las dos caras de la misma moneda. Si realmente queremos ser felices, debemos dejar a un lado la manía de culpar a las situaciones de vida y a los demás de las cosas que sentimos, y tomar la responsabilidad. Este cambio de sentido es vital. Mirar al mundo siendo conscientes de que son nuestras propias imágenes felices (pensamientos) las que ponen límites a la felicidad hace que el mundo se transforme. ¿Quién decide si una ruptura sentimental está dentro o fuera de la felicidad? ¿Quién decide si un robo está fuera o dentro de la felicidad? Nuestras imágenes felices de pareja y economía. ¡Nadie más! Asumir esto significa tomar la responsabilidad, significa aceptar parte del sufrimiento ajeno como propio. ¿Por qué? ¿Porque es culpa nuestra? No. Porque el sufrimiento que vemos en el mundo no proviene de la ruptura o del robo, sino de nuestras imágenes felices. ¡Son nuestras! ¿Quién va a asumir esas imágenes? ¿Trump? La regla del PLAC también es aplicable a la felicidad.

Retomemos el ejemplo de la discusión ficticia con nuestra pareja del inicio del capítulo. El conflicto nació al usar el pensamiento «¿está insinuando que siempre me dejo los platos sin fregar cuando es ella quien siempre se los deja?» ¿Lo tenemos? Bien. Nos encontramos justo en el momento antes de la acción, cuando el cerebro ha propuesto el pensamiento y comenzamos a sentirlo. Podemos tomar dos rutas. Ninguna es más fácil o mejor que otra, depende de cada persona y situación. Lo importante es que ambas son coherentes con el funcionamiento del organismo. La primera ruta nos lleva a aplicar la regla de usar o tirar sobre el pensamiento. En cuanto nos demos cuenta de que usar la propuesta cerebral nos aleja de la felicidad, debemos girar la atención hacia nosotros mismos y decirle al cerebro alto y claro: «Este pensamiento no me sirve para vivir esta situación de vida». En este caso, hemos elegido el camino de la neuroeducación y la reacción nunca tendrá lugar. Con ello conseguimos que la próxima vez que nos encontremos en una situación similar, sea menos probable que el sistema nervioso proponga el mismo tipo de pensamiento.

Ahora bien, si tenemos la atención saturada o simplemente actuamos compulsivamente y llegamos a ofender a nuestra pareja, el pollo está servido. El pensamiento ha sido usado y, aunque podríamos plantearnos aplicar la regla de usar o tirar a pensamientos futuros, vamos a tomar una segunda ruta: aplicar la regla de la expansión de la felicidad. Esta regla tiene forma de pregunta: ¿estamos dispuestos a incluir esta situación dentro de la felicidad? En este caso concreto, como se trata de una discusión, podríamos particularizar y preguntarnos si estamos dispuestos a incluir esta discusión dentro de la felicidad. ¿Y qué conseguimos con esto? La regla de la expansión de la felicidad nos recuerda la posibilidad de que presente e imagen feliz sean uno. Cualquier argumento, cualquier intento por cambiar al otro o por buscar culpables deja de tener sentido cuando presente y felicidad se funden en un abrazo.

Esta regla es aplicable a cualquier situación de vida por justa o injusta que parezca porque no trata de cambiar nada. ¿Estamos dispuestos a incluir un robo dentro de la felicidad? ¿Estamos dispuestos a incluir un despido dentro de la felicidad? La pregunta nos hace mirar a los ojos de nuestra imagen mental feliz, y nos permite tomar conciencia de la responsabilidad que tenemos como seres humanos. Tratamos de cambiar personas o situaciones para que sean lo más parecidas posibles a nuestras imágenes felices. ¡Y no funciona! ¡Nunca ha funcionado durante mucho tiempo! ¿Y si hubiésemos venido al mundo a aprender a incluir cualquier situación de vida dentro de la felicidad? ¿Y si somos elementos activos en la expansión de la felicidad y del universo? Es solo una posibilidad, sí, pero hace que la vida adquiera un color distinto, disparando las ganas de vivir, acercándonos a la paz y al bienestar.

Un GPS hacia la felicidad

¿Cómo puedo aprender a incluir cualquier situación de vida dentro de la felicidad? Seamos directos y claros: no es necesario hacer nada concreto. Solo vivir, saber cómo funcionamos, estar atento. El propio organismo se encarga de enseñarnos en cada situación de vida aquello que excluimos de la felicidad a través de pensamientos y emociones. Hasta ahora, hemos ido dando palos de ciego porque desconocíamos cómo funciona el organismo y la vida. Ahora que estamos al día de sus manías, somos conscientes de que los pensamientos y las emociones son un GPS hacia la felicidad, capaces de enseñarnos qué estamos excluyendo de ella. Integrando todo lo aprendido durante este viaje, llegaremos a la conclusión de que cualquier pensación que nos haga sentir algo distinto a la felicidad absoluta necesita ser revisada. Para hacerlo disponemos de herramientas muy potentes que nos comprenden y están en armonía con el funcionamiento del organismo.

Cualquier pensamiento está tratando de hacernos felices, está poniendo en evidencia todas las cosas que excluimos de la felicidad. ¿Para qué? Para que podamos incluirlas. ¡Por eso no tiene sentido querer dejar de tener pensamientos que producen sufrimiento o dolor! ¡Por eso no debemos esforzarnos por ser más optimistas, más espirituales o más positivos! Si cambiamos nuestros pensamientos, ¿cómo vamos a poder ver aquello que estamos dejando fuera de la felicidad? Ha llegado el momento de relajarnos, de entender que todo está bien y que siempre estuvo bien. Nadie está diciendo que no haya cosas que cambiar, nadie está diciendo que no exista el hambre en el mundo, que la guerra de Siria sea un cuento chino o que Kim Jong-un es una bellísima persona. Únicamente estamos descubriendo la posibilidad de transformar el mundo que vemos desde el amor y la felicidad, en lugar de intentar hacerlo desde el miedo y el sufrimiento como hemos hecho hasta el día de hoy. Y para hacer esto necesitamos los pensamientos que tenemos ahora y las emociones que tenemos ahora. Es la única forma que tenemos de conocernos. Si ya hemos pagado un curso de *coaching* para tener pensamientos más positivos, una charla para gestionar nuestras emociones o una formación con David del Rosario para conocer más cosas acerca de nuestro organismo, no importa. Podemos ir igualmente. Simplemente no era necesario. Todas las personas llevamos grabado en el cerebro un mapa hecho a medida de cada uno que nos dirige irremediablemente hacia la felicidad.

«¿Y por dónde empiezo?», puede pensar el cerebro. La mejor forma de expandir la felicidad es comenzar por aspectos cotidianos, desde nuestro presente. No es necesario remontarnos a cuando éramos niños o a nuestro tatarabuelo. El cerebro trabaja siempre en el ahora, y solo desde ahí puede mostrarnos aquello que hemos dejado fuera de la felicidad para que podamos incluirlo. Vamos a envolver esta idea y a llevarla por última vez al día a día de la maestra de escuela, del albañil y de los *youtubers*.

Imaginemos que nos acaban de seleccionar para la entrevista final del trabajo perfecto. El sueldo sería mejor que el actual, la temática nos entusiasma y el horario nos permite tener mucho más tiempo libre. «Me haría tan feliz que me dieran el puesto», propone el cerebro. Este pensamiento responde tanto a una expectativa como a una imagen feliz. Paso uno, usemos ese pensamiento. ¿Cómo nos hace sentir esa propuesta neuronal? La respuesta que buscamos no es un pensamiento sino una sensación. Dirigimos la atención primero al pensamiento y luego a la emoción. Entonces nos topamos con una sensación agridulce. Esa sensación de desconfianza proviene del miedo a no obtener el trabajo, y nos indica que hay una parte de ese pensamiento excluido de la felicidad. Por lo tanto, debemos incluirla. ¡Manos a la obra! ¿Estamos dispuestos a incluir la posibilidad de dejar escapar el trabajo perfecto dentro de la felicidad? Sin argumentos. Sin los «si no sale es que no era para nosotros». Sin excusas. ¿Estamos dispuestos? Aquí descubrimos algo hermoso. Descubrimos que no estamos dispuestos a ser felices en cualquier situación, que tenemos unas condiciones y queremos salirnos con la nuestra.

Solo desde ahí podemos ver la imagen feliz y preguntarnos: ¿estamos dispuestos a permitirnos sentir felicidad aunque el trabajo sea para otra persona? De nuevo, la respuesta no viene en forma de palabras para ser comprendida, sino en forma de sensación para ser sentida. ¡Sintámonos! ¡Sintamos la pregunta! ¿Estamos dispuestos a permitirnos sentir felicidad aunque el trabajo sea para otra persona? No hace falta ser reflexivos o positivos para intentar atraer el resultado que queremos. Tan solo ser honestos. Al llevar la honestidad al mundo de las imágenes mentales, nos damos cuenta de que rechazamos la felicidad constantemente. Pocas personas están dispuestas a sentir felicidad después de haber roto con su pareja o después de perder los ahorros de toda una vida. ¡La gran mayoría de personas no estamos dispuestas! Por lo tanto, rechazamos la felicidad, rechazamos la felicidad cuando el presente no se parece a nuestra imagen feliz. ¿Cómo vamos a ser felices si renunciamos a la felicidad constantemente?

Dar la espalda a la felicidad es algo ilógico pero, al mismo tiempo, totalmente respetable. Sin ir más lejos, nosotros mismos la rechazábamos inconscientemente al principio de nuestro viaje. En ese momento, habríamos tomado por loca y atacada a cualquier persona que nos viniera con esas milongas. Solo después de reconocer que formamos parte del proceso inteligente de la vida y de tomar conciencia del funcionamiento del organismo, estamos en disposición de asumir nuestro verdadero propósito: expandir la felicidad, aprendiendo a incluir cualquier situación de vida en ella. ¿Hasta cuándo? Hasta que nuestra imagen feliz y el presente se fundan.

Puede que en el camino nos asalten mil dudas. «Esto suena muy bonito pero es muy complicado de aplicar.» ¿Estamos dispuestos a incluir la complejidad dentro de la felicidad? ¿Estamos dispuestos a estirar los límites de la felicidad hasta el infinito y más allá? Esa es la única cuestión. Todas y cada una de las posibilidades que existen en el universo caben dentro de la felicidad. Tal vez encontremos nuestro miedo a ser felices o nuestro miedo a no saber quiénes somos si se resuelven todos nuestros problemas. ¡Qué importa! El miedo nunca tuvo sentido. ¿Podemos incluir todos nuestros miedos dentro de la felicidad? ¿Podemos incluir nuestra familia actual, nuestro trabajo actual, nuestra situación económica actual, nuestra salud actual, un despido, una infidelidad, el aburrimiento o todo nuestro pasado dentro de la felicidad? La posibilidad de ser felices está ahí siempre, y el presente es la única oportunidad real que tenemos para ser felices. ¿Estamos dispuestos a sentir felicidad sea cual sea la forma que tome este instante? ¿Estamos dispuestos a ser felices ahora?

REFERENCIAS

CAPÍTULO 2: EL LÍMITE ENTRE LA VIDA Y LA NO VIDA

[1]. Theobald, D. L., *A formal test of the theory of universal common ancestry.* Nature, 2010. **465**(7295): pp. 219-222.

[2]. Garyaev, P. y otros, *A study on the fluctuation dynamics of DNA solutions by the method of laser correlation spectroscopy.* Bulletin of the Lebedev, Physics Institute, 1992. **11-12**.

[3]. Nakagaki, T., H. Yamada, y A. Tóth, *Maze-solving by an amoeboid organism.* Nature, 2000. **407**: p. 470.

[4]. Lupien, S. J. y otros, *Effects of stress throughout the lifespan on the brain, behaviour and cognition.* Nature Reviews Neuroscience, 2009. **10**: pp. 434-445.

[5]. Moscoso, M., *From the mind to the cell: the impact of stress on psiconeuroimmunoendocrinology.* Liberabit, 2009. **15**(2): pp. 143-152.

[6]. Jacobs, M. A. y otros, *Life stress and respiratory illnes.* Psychosomatic Medicine, 1970. **32**(3): pp. 233-242.

[7]. Valdés, M., *El estrés: Desde la biología hasta la clínica.* Ilusbook, ed. Siglantana. 2016, España.

[8]. Bjorkman, E., *Monotropa hypopitys L. - An epiparasite on tree roots.* Physiol. Plant., 1960. **13**: pp. 308-327.

[9]. Mancuso, S. y A. Viola, *Sensibilidad e inteligencia en el mundo vegetal.* 2015, Barcelona: Galaxia Gutenberg.

[10]. Rosas, M., *La importancia de los hongos.* El Ecologista, 2010. **66**.

[11]. Clarke, D. y otros, *Detection and Learning of Floral Electric Fields by Bumblebees.* Science, 2013. **340**(6128): pp. 66-69.

[12]. Tompkins, P. y C. Bird, *La vida secreta de las plantas.* 1973: DIANA.

[13]. Duhamel, J. R., C. L. Colby, y M. E. Goldberg, *Congruent representation of visual and somatosensory space in single neurona of monkey ventral intra-parietal area (VIP),* ed. I. J. P. B. a. Space. 1991, Oxford: Oxford University Press.

[14]. Serino, A. y otros, *Extended Multisensory Space in Blind Cane Users*. Psychological Science, 2007. **18**(7): pp. 642-648.

[15]. Van der Hoort, B., A. Guterstam, y H. H. Ehrsson, *Being Barbie: The Size of One's Own Body Determines the Perceived Size of the World*. PLOS ONE, 2011. **6**(5): p. e20195.

[16]. Holdrege, C., *The Giraffe's Long Neck: From Evolutionary Fable to Whole Organism*. Nature Institute Perspectives, 2005. **4**: p. 104.

[17]. Hutchison, C. A. y otros, *Design and synthesis of a minimal bacterial genome*. Science, 2016. **351**(6280).

[18]. Feuillet, L., H. Dufour, y J. Pelletier, *Brain of a white-collar worker*. The Lancet, 2007. **370**: p. 262.

CAPÍTULO 3: EL HOMO HONESTUS

[1]. Rosati, A. G. y otros, *The Evolutionary Origins of Human Patience: Temporal Preferences in Chimpanzees, Bonobos, and Human Adults*. Current Biology, 2007. **17-19**: p. 1663-1668.

[2]. Frederick, S., G. Loewenstein, y T. O'Donoghue, *Time discounting and time preference: A critical review*. J. Econ. Lit., 2002. **40**: pp. 350-401.

[3]. Wilson, D. S. y Wilson, E. O. *Evolución por el bien del grupo*. Investigación y Ciencia, 2009. **288**: pp. 46-57.

[4]. Novak, M. A., *La fuerza de la cooperación*. Investigación y Ciencia, 2012. **433**: pp. 20-23.

[5]. Langford, D. J. y otros, *Social Modulation of Pain as Evidence for Empathy in Mice*. Science, 2006. **312**: p. 1970.

[6]. De Vaals, F., *Moral behavior in animals*. 2011, TEDxPeachtree.

[7]. Ortiz-Ospina, E. y M. Roser, *Trust*. www.ourworldindata.org. 2016.

[8]. TEDGlobal, *Paul Zak: Trust, morality and oxytocin?* 2011.

[9]. Krueger, F. y J. Grafman, *The neural basis of human belief systems*, ed. T.A. Francis. 2012.

[10]. Birch, L. y J. Fisher, *Appetite and eating behavior in children*. Pediatr Clin North Am, 1995. **42**(4): pp. 931-53.

[11]. González, C., *Mi niño no come. Consejos para prevenir y resolver el problema*. 1999, Madrid: Temas de Hoy S.A.

[12]. Woolridge, M., *Do changes in pattern of breast usage alter the baby's nutrient intake?* The Lancet, 1990. **366**(8712): pp. 395-397.

[13]. DePaulo, B. M. y otros, *Lying in Everyday Life*. J of Personality and Social Psychology, 1996. **70**(5): pp. 979-995.

[14]. Ludwig, S. y otros, *Untangling a Web of Lies: Exploring Automated Detection of Deception in Computer-Mediated Communication* (Journal of Management Information Systems), Forthcoming, 2016.

[15]. Zhu, L. y otros, *Damage to dorsolateral prefrontal cortex affects tradeoffs between honesty and self-interest.* Nature Neuroscience 2014. **17**: pp. 1319-1321.

[16]. Langleben, D. D. y otros, *Brain activity during simulated deception: an event-related functional magnetic resonance study.* Neuroimage, 2002. **15**: pp. 727-732.

[17]. Lee, J. J. y otros, *Hormones and ethics: understanding the biological basis of unethical conduct.* J Exp Psychol Gen, 2015. **144**(5): pp. 891-897.

[18]. Bradley, M. T. y M. P. Janisse, *Accuracy demonstrations, threat, and the detection of deception: cardiovascular, electrodermal, and pupillary measures.* Psychophysiology, 1981. **18**: pp. 307-315.

[19]. Hermans, E. J., P. Putman, y J. van Honk, *Testosterone administration reduces empathetic behavior: a facial mimicry study.* Psychoneuroendocrinology, 2006. **31**: pp. 859-866.

[20]. Grundy, S. M. y otros, *Definition of metabolic syndrome: report of the National Heart, Lung, and Blood Institute/American Heart Association conference on scientific issues related to definition.* Arterioscler Thromb Vasc Biol, 2004. **24**: p. e13-e18.

[21]. Sapolsky, R. M., *¿Por qué las cebras no tienen úlcera?* La Guía del Estrés. 2013, Madrid.

[22]. Ten Brinke, L., J. J. Lee, y D. R. Carney, *The physiology of (dis)honesty: does it impact health?* Current Opinion in Psychology, 2015. **6**: pp. 177-182.

[23]. Light, K. C., K. M. Grewen, y J. A. Amico, *More frequent partner hugs and higher oxytocin levels are linked to lower blood pressure and heart rate in premenopausal women.* Biol Psychol, 2005. **69**: pp. 5-21.

CAPÍTULO 4: EL CEREBRO UNIVERSAL

[1]. Kellogg, W. N., *The ape and the child: A study of environmental influence upon early behavior.* 1967: Hafner Pub. Co.

[2]. Meltzoff, A. N., *Infant Imitation After a 1-Week Delay: Long-Term Memory for Novel Acts and Multiple Stimuli.* Dev. Psychol., 1988. **24**: pp. 470-476.

[3]. Meltzoff, A. N., *What infant memory tells us about infantile amnesia: long-term recall and deferred imitation.* J Exp Child Psychol, 1995. **59**(3): pp. 497-515.

[4]. Gergely, G., H. Bekkering, y I. Kiraly, *Developmental psychology: Rational imitation in preverbal infants.* Nature, 2002. **415**(6873): p. 755.

[5]. Meltzoff, A. y R. W. Borton, *Intermodal matching by human neonates.* Nature, 1979. **282**: pp. 403-404.

[6]. Sigman, G., *La vida secreta de la mente,* Ed. Debate. 2016.

CAPÍTULO 5: EMANEMS RELLENOS DE SENSACIONES Y EMOCIONES

[1]. Sergiel, A. y otros, *Histological, chemical and behavioural evidence of pedal communication in brown bears.* Scientific Reports, 2017.

[2]. Raichle, M. E., *La red neuronal por defecto.* Investigación y Ciencia, 2010. **404**: pp. 21-26.

[3]. Makin, T. R. y otros, *Phantom pain is associated with preserved structure and function in the former hand area.* Nature, 2013. 4(1570).

[4]. Feldhütter, I., M. Schleidt, y I. Eibl-Eibesfeldt, *Moving in the Beat of Seconds. Analysis of the Time Structure of Human Action.* Ethnology y Sociobiology, 1990. **11**: pp. 511-520.

[5]. Pöppel, E. y Y. Bao, *Subjective Time: The Philosophy, Psychology, and Neuroscience of Temporality,* 2016: The MIT Press.

[6]. Szelag, E. y otros, *Temporal processing deficits in high-functioning children with autism.* British Journal of Psychology, 2004. **95**: pp. 269-282.

[7]. Szelag, E., N.v. Steinbüchel, y E. Pöppel, *Temporal processing disorders in patients with Broca's aphasia.* Neuroscience Letters, 1997. **235**: pp. 33-36.

[8]. Gerstner, G. E. y L. J. Goldberg, *Evidence of a time constant associated with movement patterns in six mammalian species.* Ethology and Sociobiology, 1984. **15**(181-205).

CAPÍTULO 6: MI HIJO HA TENIDO UN ACCIDENTE CON LA MOTO (CREO)

[1]. Wegner, D. M., A. Broome, y S. J. Blumberg, *Ironic effects of trying to relax under stress.* Behav Res Ther., 1997. **35**(1): pp. 11-21.

[2]. Ansfield, M. E., D. M. Wegner, y R. Bowser, *Ironic effects of sleep urgency.* Behaviour Research and Therapy, 1996. **34**(7): pp. 523-531.

[3]. Punset, E., *Brújula para navegantes emocionales.* 4.ª ed. 2009, Madrid.

[4]. Gerin, W., et al., *Sustained blood pressure increase after an acute stressor: the effects of the 11 September 2001 attack on the New York City World Trade Center.* J Hypertens., 2005. **23**: p.p 279-284.

[5]. Korner, P., *Essential Hypertension and Its Causes: Neural and Non-Neural Mechanisms.* 2007, New York: Oxford University Press.

[6]. Sapolsky, R. M., *¿Por qué las cebras no tienen úlcera? La guía del estrés.* 2013, Madrid.

[7]. Burnett, D., *El cerebro idiota.* 2016, Barcelona, Editorial Planeta

CAPÍTULO 7: LA MEMORIA NO ES UNA CAJA FUERTE

[1]. Cowan, N., *The Magical mystery tour: How is working memory capacity limited, and why?* Current Directions in Physhological Science, 2010. **19**(1): pp. 51-57.

[2]. Loftus, E. F., *The fiction of memory.* 2013: TEDGlobal.

[3]. Offer, D. y otros, *The Altering of Reported Experience.* Journal of the American Academy of Child & Adolescent Psychiatry, 2000. **39**(6): pp. 735-742.

[4]. Silva, A. J., *La red de la memoria.* Investigación y Ciencia, 2017. **492**: pp. 16-23.

[5]. Josselyn, S. A., S. Kohler, y P. W. Frankland, *Finding the engram.* Nature Reviews Neuroscience, 2015. **16**(9): pp. 521-534.

[6]. Nomoto, M. y otros, *Cellular tagging as a neural network mechanism for behavioural tagging.* Nature Communications, 2016. **7**(12319).

[7]. Braidot, N., *Cómo funciona mi cerebro para Dummies.* 2013.

[8]. D'Argembeau, A., C. Comblain, y V.d. Linden, *Phenomenal Characteristics of Autobiographical Memories for Positive, Negative, and Neutral Events.* Appl. Cognit. Psychol, 2003. **17**: pp. 281-294.

[9]. Fuentemilla, L. y otros, *Hippocampus-dependent strengthening of trageted memories via reactivation during sleep in humans.* Current Biology, 2013. **23**(18): pp. 1769-1775.

CAPÍTULO 8: CONSTRUYENDO PENSAMIENTOS

[1]. Heider, F. y M. Simmel, *An Experimental Study of Apparent Behavior.* The American Journal of Psychology, 1944. **57**(2): pp. 243-259.

[2]. Malasstro, E., P. Ekman, y W. V. Friesen, *Autonomic changes with facial displays of surprise and disgust,* in *Presentado en West. Psyc.hol. Assoc. Meet.* 1972: Portland, Ore.

[3]. Ancoli, S., *Psychophysiological response patterns to emotions.* 1978, Univ. California: San Francisco.

[4]. Goleman, D., *El cerebro y la inteligencia emocional: nuevos descubrimientos.* 2016. Zeta de bolsillo.

CAPÍTULO 9: PENSACIONES Y BOTÁNICA MENTAL

[1]. Plassmann, H. y otros, *Marketing actions can modulate neural representations of experienced pleasantness.* PNAS, 2008. **105**(3): pp. 1050-1054.

[2]. Lupien, S. J. y otros, *Effects of stress throughout the lifespan on the brain, behaviour and cognition.* Nature Reviews Neuroscience, 2009. **10**: pp. 434-445.

[3]. Hensen, B. y otros, *Loophole-free Bell inequality violation using electron spins separated by 1.3 kilometres.* Nature, 2015. **526**: p. 682.

[4]. Baumgartner, T. y otros, *Oxytocin Shapes the Neural Circuitry of Trust and Trust Adaptation in Humans.* Neuron, 2008. **58**(4): pp. 639-650.

CAPÍTULO 10: EL MIEDO NI SE CREA NI SE DESTRUYE, SE TRANSFORMA

[1]. Feinstein, J. y otros, *The Human Amygdala and the Induction and Experience of Fear.* Current Biology 2011. **21**: pp. 34-38.

[2]. Visintainer, M., J. Volpicelli, y M. Seligman, *Tumor rejection in rats after inescapable or escapable shock.* Science, 1982. **216**(437-439).

CAPÍTULO 11: REEDUCAR EL CEREBRO

[1]. Mischel, W., *El test de la golosina.* 2015, España: Debate.

[2]. Kanai, R. y otros, *Political Orientations Are Correlated with Brain Structure in Young Adults.* Current Biology, 2011. **21**(8): pp. 677-680.

[3]. Schmitz, T. W. y otros, *Hippocampal GABA enables inhibitory control over unwanted thoughts.* Nature Communications, 2017.

[4]. Moray, N., *Donald E. Broadbent: 1926-1993.* The American Journal of Psychology, 1995. **108**(1): pp. 117-121.

[5]. Ophir, E., C. Nass, y A. D. Wagner, *Cognitive control in media multitaskers.* Proceedings of the National Academy of Sciences USA, 2009. **106**(37): pp. 15583-15587.

[6]. Simons, D. J. y C. F. Chabris, *Gorillas in our midst: sustained inattentional blindness for dynamic events.* Perception, 1999. **28**(9): pp. 1059-1074.

CAPÍTULO 12: EXPANDIENDO LA FELICIDAD

[1]. Burnett, D., El cerebro feliz, 2018. Barcelona, Editorial Planeta.

Ecosistema digital

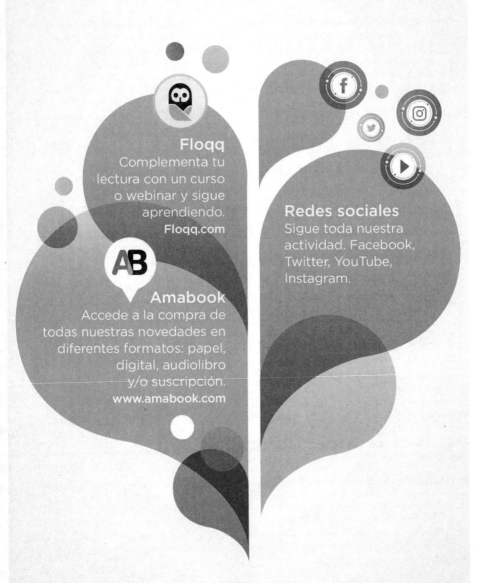

Floqq
Complementa tu lectura con un curso o webinar y sigue aprendiendo.
Floqq.com

Amabook
Accede a la compra de todas nuestras novedades en diferentes formatos: papel, digital, audiolibro y/o suscripción.
www.amabook.com

Redes sociales
Sigue toda nuestra actividad. Facebook, Twitter, YouTube, Instagram.